U0067156

社會工作督導

脈絡與概念

Social Work Supervision:
Contexts and Concepts

Ming-sum Tsui　　　著

張淑英　　校閱

陳秋山　　譯

SOCIAL WORK SUPERVISION

Contexts and Concepts

Ming-sum Tsui

目錄

關於作者

M ing-sum Tsui目前於香港理工大學應用社會科學系擔任資深社會工作講師，教授社工督導與人群服務管理（human service management）等課程，在社工督導的實務與教學方面，已有超過二十年的經驗。在任職香港理工大學之前，Ming-sum在香港第二大的志願性社會福利機構「香港基督教徒服務」（the Hong Kong Christian Service）擔任發展與健康服務計畫的服務督導。二十多年前，Ming-sum在一個以社區為基礎的兒童與青少年發展中心，開始了他的社會工作生涯。在服務於「香港基督教徒服務」的十年裡，他設立了香港第一所以社區為基礎的家庭服務中心，以及第一所治療物質濫用者的精神諮商中心，也督導一家綜合性醫院，並且負責「香港基督教徒服務」的計畫發展、募款、研究、計畫評估及員工發展。

Ming-sum曾在香港中文大學接受社會工作教育，之後在McGill大學取得社會工作學碩士，並在香港理工大學取得管理研究所的碩士學位。他是證照社工師公會（Academy of Certified Social Workers, ACSW）的成員，是證照社會工作管理者（Certified Social Work Managers, CSWM）的第一位國際會員，也是美國管理協會（American Management Association, AMA）、證照管理中心（Chartered Management Institute, CMI）的會員，同時也是被ISO認證合格的稽核員。Ming-sum的社會工作博士學位是在加拿大的多倫多大學社會工作學院取得，其論文的研究主題是「建構一個具文化敏覺度的社工督導模式」。

Ming-sum的研究興趣包括社工督導、人群服務管理、社會工作理論與實務以及物質濫用。他一直以來擔任《香港社會工作期刊》（*Hong Kong Journal of Social Work*）的主編，《新全球發展》（*New Global De-*

velopment）及《家庭在社會中》（*Families-in-Society*）的顧問編輯，也一直是《社會工作實務研究》（*Research on Social Work Practice*）、《員工輔導季刊》（*Employee Assistance Quarterly*）及《專業發展：社會工作專業進修教育國際期刊》（*Professional Development: International Journal of Continuing Social Work Education*）等刊物的編輯委員會委員，同時也擔任十五種期刊的審查專家。Ming-sum所出版的專書著作有十本，發表的文章及研究論文有七十多篇，廣泛地刊載於全世界學術及專業的期刊中，包括：*Journal of Social Service Research*、*The Clinical Supervisor*、*Social Work*、*Families in Society*、*International Social Work*、*International Journal of Management*、*New Global Development: International Journal of Comparative Social Welfare*、*The British Journal of Social Work*、*Social Development Issues*、*Asia Pacific Journal of Social Work*、*Hong Kong Journal of Social Work*、*Asian Journal of Counseling*、*Australian Social Work*、*China Social Work*、*Indian Journal of Social Work*、*Assessment & Research in Higher Education*、*Employee Assistance Quarterly*，以及 *Child and Adolescent Social Work Journal*。

關於校閱者

張淑英，現任慈濟大學社會工作學系暨碩士班副教授，並受聘擔任多所社會福利機構之外聘督導、顧問。曾任台北榮總社會工作組組長。一九九二年於美國凱斯西儲大學（Case Western Reserve University）應用社會科學院取得社會工作博士（Ph. D. in Social Welfare）學位。教授科目包括：醫務社會工作、社會工作督導、社會工作管理、社會工作理論與實務、家族治療、精神病理與社會工作等。

關於譯者

陳秋山，慈濟大學社會工作學研究所畢業，交通大學社會與文化研究所博士候選人肄業，現為山瑜珈工作室（Tada Yoga）負責人。譯有《培力、參與、社會工作》，合譯有《求生意志：愛滋治療與存活政治》、《社會工作實務的全球觀點》、《社工質性研究》、《社會工作與社區》。

主編序

Tsui 教授在這本書中為社會工作督導的當代文獻做了重大貢獻。假如本文獻要符合讀者合理的期待，它必定要具備幾個面向，而所有這些面向，本書作者都已經在書中提出。第一個面向是，對於督導的瞭解應該奠基於紮實的理論模式，然而今日社會工作的實況卻是存在著不同模式之間的競逐，如那些結構和組織取向的模式與實務理論模式，又如那些根據一對一、團體，以及團隊動力的模式。本書作者能夠提取這些種種模式的不同理路，創造一種複合的理解，同時保留督導過程的完整性，這是本書的過人之處。

有關今日社會工作景象的第二個面向是，強烈地肯定任何的實務，包括督導，應該要向經驗性的研究發現取經，並且應該要對經驗性的研究發現有所貢獻。Tsui 教授小心地檢視有關督導的研究論文，並將這些論文關聯到理論的建構與督導的實行。他指出經驗性文獻的不足，並且提出他對於未來督導研究進程的建議。

第三個面向是，督導的結果攸關許多團體的利害關係，例如專業社群、機構、實務從業人員，以及服務的消費者。Tsui 承認所有這些團體的正當性，並且指示即使根據這些團體要求的差異性可能讓督導者陷入兩難，督導的實行還是應該顧及每一個團體的需求。

第四個面向是，一本有用的督導教科書，必須對督導的實務工作提供充分的細節指導，對此，本書透過討論督導的各個階段、督導者必須履行的種種功能，以及督導關係的本質，提供詳細的說明。

本書所有資料所涉及的幾個議題，是所有社會工作員都必須非常重視的重點。其中的一個議題是，從族群、文化、社會階級，以及這些與性別動力交點的角度來看，督導以及其它的社會工作活動發生之

所在，是一個高度多元化的世界。這些多元的力量在督導實務中的影響力一如其在其它實務形式中的影響。Tsui 以他所來自的亞洲以及接受教育的美國觀點，對於督導工作中所扮演之角色的多樣性提供其獨特的洞見。另一個議題是瞭解權力的重要性，特別是當涉及督導者與被督導者之間的同質性與異質性時，本書作者對此有徹底的瞭解。

　　我確信，無論你是督導者或被督導者，讀完這本書之後將會瞭解到，Tsui 教授對這些主題的瞭解已經對你將實踐的方式提供了實質而豐富的幫助，並使你能接著在社會工作督導的領域投入自己的心力。

Charles Gawin

推薦序

譯者陳秋山先生是慈濟大學社會工作研究所畢業生，先前曾在海外從事國際援助工作多年，他在進入交通大學博士班進修前的暑假完成了本書的譯介工作，讓台灣原本不多的社會工作督導相關中文參考書籍又多了一本。原作者Ming-sum Tsui在香港地區有多年社會工作督導實務經驗和教學研究經驗，他從社會工作督導的歷史演進說起，談到社會工作督導的理論模式，以及文化背景脈絡和社會工作督導的其他相關議題，是這本書與眾不同之處，秋山流暢的譯筆讓這本書更增加了可讀性。

慈濟大學社會工作研究所的學生，諸多具有社會工作實務經驗，在課堂上研究督導議題時，他們難忘的督導或被督導經驗與記憶，常成為課堂熱烈討論的素材；台灣社會工作專業已進入更成熟的階段，也面對更複雜與更具挑戰性的人間困擾與難題，培養具效能的督導，成為社會工作勢必要進展的專業課題。在這個以人生圓熟歷練為背景脈絡的領域，如果對督導有更深入核心本質的瞭解與洞察，以智慧為視野，可以更貼近案主、社工員、督導與機構的真實，讓社會工作者的專業發展基礎更紮實，成為永續的生涯。這本書的出版，相信必定會有助於這個目標的往前邁進。

張淑英

慈濟大學社會工作研究所副教授

譯者序

我們在翻譯中、在書寫中、在閱讀中、在討論中，暴露。不只是暴露出什麼，更是我們冷不防地闖入毫無保留展開的暴露時空。分享、溝通、自我更新，在此時此地發生。

第一次細說督導經驗，是在淑英老師的課堂上，當時我還是慈濟大學社會工作研究所一年級的碩士生，在那之前，我已經有了幾年的督導與被督導的實務經驗。曾經在督導者的位置上，頂著別樣職稱，履行的職責，卻正是 Ming-sum 教授這本書中討論到的「督導者」的功能──行政、教育、支持；三合一，集於一身，「耗竭」難免。沒有教戰手冊，土法煉鋼，在沿襲組織一貫的作法中，累積自己實務經驗所產生的知識，也在組織的中間人邊緣位置，深刻體會面對各方關係的錯綜複雜。

我是 Ming-sum 教授在書中所說的，那些尚未做好準備就上了督導者位置的眾多督導者之一。做中學對個人的成長與收穫無疑是最大的，無論是在淑英老師課堂上著重實務經驗分享、再配合閱讀文本的系統性論述討論中，還是在翻譯 Ming-sum 教授這本書的過程中，都不斷將我留在記憶中有關督導經驗的痕跡一一給暴露了出來，有掙扎、有喜悅，也都有一點與「督導」相見恨晚的感覺。這樣的暴露意味著什麼？有請各位看官共同參與，暴露。

督導是一個各方經驗交會的位置與過程，也許，我們可以期待未來會有以督導故事為主軸，敍說督導經驗的文章或書籍問世。不只是為了記錄，更是為了無止盡的書寫與暴露給未知的相遇──社會工作實務、教學與研究得以發生之所在。

謝謝心理出版社的編輯群，你們辛苦了；更要感謝淑英老師的引

薦與校閱上的指導與建議，讓我有機會翻譯這本書，並在翻譯過程的一再暴露中，自我剝離與更新；最後要感謝我的家人，謝謝你們的包容與支持。祝福大家，健康平安！

陳秋山

2008.01.21

於交大博班宿舍

致謝

多虧許多人的幫忙，包括我的老師、督導、同事及朋友，他們幫助我形塑我對社會工作督導的瞭解，使我更加敏銳。此外，我想要感謝在我的社會工作督導課程中的研究所學生，以及過去這二十年我所督導的實習學生，還有在焦點團體與深度訪談中的所有參與者。

我要對我的恩師 Lynn McDonald 博士獻上我最由衷的感謝，他堅決要求我應該心無旁騖地致力於社會工作督導。我也要誠摯地感激 Wes Shera 主任、Marion Bogo 主任、Bernard H. K. Luk 博士，以及 Gayla Rogers 博士，他們對我的研究提供非常寶貴的建議。

非常感謝以下這些著作等身的學者們：Pauline Erera 博士、Bruce Thyer 博士、Brij Mohan 博士、Mike Austin 博士、Alfred Kadushin 博士、Daniel Harkness 博士、Amnon Lazar 博士、Kieran O'Donoghue 先生、Carlton Munson 博士、Lawrence Shulman 博士，以及 Tamara Kaiser 博士。在探索社會工作督導這門藝術的過程中，我有幸領受他們的鼓勵與專業建議，在追求知識與智慧的道路上，我也盡我所能地追循他們的步伐。特別要感謝 Pauline Erera 博士對我持續的鼓勵，假如沒有她堅持不懈的支持，這本書將仍停留在一些粗略的構想上。

我無法忘懷在與督導者和被督導者的焦點團體中，來自我工作夥伴未曾中斷的支持：Wui-shing Ho 博士與 Ching-man Lam 博士，以及我的同事 Fernando C. H. Cheung 博士與 Charles Chan 博士，他們讓我在研究、教學與寫作的過程中，不感孤單。

假如沒有我的太太 Doris、我的兒子 Lincoln 溫暖的支持與瞭解，我就無法完成此書。此外，感謝我的朋友 C. Ruth Miller 博士、Miu-chung Yan 博士、Florence Lee 女士、Matthew Peacock 博士，以及 Polly Chung

小姐，給我適時的協助與鼓勵。

最後，我一定要感謝「人群服務叢書」（Human Service Series）的主編 Charles Garvin 博士，他在我寫作期間提供我專業的指導。此外，Arthur Pomponio 博士、Sanford Robinson、Paul Reis、Veronica Novak、Geri Mattson、Frances Andersen、Margaret Seawell 及 Nancy Hale，他們以有效果和有效率的方式提供專業的支持，我很高興有這個機會和他們一起工作，他們的努力讓我的夢想成真，把我的構想轉變成一本 Sage 書。事實上，這本書甚至不完全出自於「我」（mine），而是出自於我受到我親愛的家人與朋友灌溉滋養的「心靈」（mind）。

前言

在影響社會工作員的工作滿意度以及對案主的服務品質方面，社會工作督導已經被視為最重要的決定因素之一。督導作為社會工作間接但關鍵的使能過程，其所受到的關注不如社會工作實務的其它部分那麼多，例如社會工作研究或社會工作行政。在現有的經驗性研究文獻中（Harkness, 1995; Tsui, 1997b, 2004），缺乏對社會工作督導的水準與有實證性根據的實務狀況進行批判性與深度的討論，這是值得注意的。從文獻回顧中發現，少有理論或模式的建立，而嘗試著將督導實務置於更大的文化脈絡中的組織環境內部來看的，也非常之少（Tsui & Ho, 1997）。

因此，顯然需要一本討論社會工作督導的書，以連結實務場域需求與文獻不足之間的落差。它應該包含有關督導理論基礎的描述、實務議題的討論，以及考量研究的意涵。這就是寫《社會工作督導：脈絡與概念》（*Social Work Supervision: Contexts and Concepts*）一書的理由，它不僅涉及社會工作督導的應然面，也涉及社會工作督導的實然面，以及社會工作督導的未來面。它提供社會工作的學生有關社會工作員督導的理論與實務的基本知識，它也藉著描繪當前社會工作學生督導水準的一般狀況來促進課程教學。如此一來，老師們可以花更多的時間與他們的學生討論特定的督導議題與技術。本書作為Sage人群服務參考書（Sage Sourcebooks for the Human Services）之一，也有意成為社會工作實務場域中督導者與第一線從業人員的一本有用的參考書。

這是有關社會工作員督導的一本書，雖然有些重要的原則可以被應用在社會工作學生實習課程督導，但這並不是本書的焦點。還有，由於員工督導涉及複雜的組織動力、行政職權的層級，以及對於社會

服務組織內部與外部各方當事者的多種責信，它與學生督導之間有著
極大的差異。

　　在本書，我將社會工作督導呈現為：聚焦在社會工作員全人（the
whole person）的理性、感性與互動的過程。焦點應該是一般的，涵蓋
員工的價值、知識、技巧與情緒。我對督導的理解是，它是在一個更
大的文化脈絡中一個特定組織內部的動態、多方與互動的關係，因此，
我也以這樣的理解來呈現督導。這些獨一無二的特徵，讓社會工作督
導不同於商業界聚焦在人力資源發展與工作監控的「監督」（super-
vision），也有別於將重點擺在教導治療者臨床技巧的臨床督導或心理
治療督導。當然，由商業與心理治療而來的知識與技巧有助於對社會
工作督導產生更重要的瞭解──尤其是它的教育功能。

　　社會工作督導書籍的問世，已遠遠落後社會工作實務相關書籍的
出現。第一本有關社會工作督導的參考文獻是 Virginia Robinson（1936）
的《社會個案工作督導》（*Supervision in Social Case Work*），本書在
Mary Richmond（1917）的《社會診斷》（*Social Diagnosis*）之後將近
二十年出版。在 Kadushin（1976）著名的《社會工作督導》（*Super-
vision in Social Work*）的第一版中，他勾勒出社會工作督導的三種功
能，在第三版中，Kadushin（1992a）也指出自從一九七五年開始在北
美出版的有關社會工作督導的重要參考書目（Abels, 1977; Austin, 1981;
Bunker & Wijnberg, 1988; Holloway & Brager, 1989; Kadushin, 1976, 1985;
Kaslow, 1972; Kaslow et al., 1977; Middleman & Rhodes, 1985; Munson,
1979d, 1983; Pettes, 1979; Powell, 1980; Shulman, 1982; Westheimer,
1977）。在 1990 年代初期，有三本受歡迎的社會工作督導書籍出版：
Kadushin（1992a）的《社會工作督導》（*Supervision in Social Work*）、
Munson（1993）的《臨床社會工作督導》（*Clinical Social Work Super-
vision*），以及 Shulman（1993）的《互動式督導》（*Interactional Super-
vision*）。在新的世紀裡，Munson（2002）出版他在一九九三年之著作

《臨床社會工作督導手冊》（*Handbook of Clinical Social Work Supervision*）的第三版。同時，Kadushin 也與 Daniel Harkness 共同出版《社會工作督導》（*Supervision in Social Work*）的第四版（Kadushin & Harkness, 2002）。有些新的參考書目是針對督導的特定領域，包括在收容環境中的督導（Brown & Bourne, 1996）、在混亂時期的督導（Hughes & Pengelly, 1997），以及督導關係（Kaiser, 1997）。這顯示社會工作專業仍然仰賴信譽卓著的學者來修正與提升社會工作督導的水準，我們顯然非常有必要重探這個主題。

　　我們如果看一看有關社會工作督導的文獻內容，我們就會發現督導在經過一個多世紀的實踐之後，一些具爭議性的議題仍然是這領域的重頭戲（Tsui, 1997a）。在這些未解的爭議中，受到高度重視的是有關永無止境的督導（interminable supervision）與自主性實務工作（autonomous practice）之間的對抗（Epstein, 1973; Kadushin & Harkness, 2002; Munson, 2002; Rock, 1990; Tsui, 1997a, 1997b; Veeder, 1990）：一群學者提倡社會工作員的終生督導，而另一群則堅持，在相同的服務環境中從事多年的直接實務工作之後，應鼓勵自主性的專業實務工作。

　　另外極具爭議且尚未有解決之道的議題，牽涉到行政、教育與支持性督導的平衡（Abroms, 1977; Erera & Lazar, 1994b; Harkness & Poertner, 1989; Kadushin & Harkness, 2002; Munson, 2002; Payne, 1994; Shulman, 1993; Tsui, 1997a, 1997b）。有些學者堅稱，教育功能應該與行政功能分開，因為對社會工作員而言，要向監督其工作績效的督導者講述他們自己在實務工作上的差錯是很困難的。他們提議引進外部專家作為顧問，以提升第一線社會工作員的專業知識與技巧，然後行政督導就能將他們的注意力與力氣集中在工作績效的監督與品質的保證上。然而，另有一群學者主張，假如行政督導不發揮教育功能，管理者的行政要求與員工的發展活動之間就會有落差。同理，員工可能尋求外部的支持來源（例如，在員工輔導計畫中的諮詢者），但這也許無法解

決來自內部組織動力的壓力。最有價值的情緒支持來自於直屬的督導者，因為這樣的支持包括對工作成績的肯定。

有關社會工作督導的經驗性研究尤其不足，檢視一九五○年到二○○二年所出版的研究文獻，結果發現只有三十四篇論文是做這方面的研究（見附錄）。再者，一如 Harkness 與 Poertner（1989）所指出的，在這段期間所出版的有關社會工作督導的經驗性文獻，沒有一篇是和案主成效有關的，即使有效率與有效果的服務被列為社會工作督導的終極目標（Kadushin & Harkness, 2002; Munson, 2002; Shulman, 1993）。

督導的實施不僅影響案主所接收到的服務品質，在社會工作員的專業發展上也扮演著意義深遠的角色，因此，它顯然是在社會工作實務中非常重要的一環。缺乏立基於經驗性工作的最新與批判性的文獻，暴露出實務與對實務研究之間的落差，於是社會工作督導成為我們研究與投入改善專業知識與實務的重要領域。

本書共有十章。第一章討論社會工作督導的歷史、定義與目標；第二、三章討論社會工作督導的理論模式；在第四章，督導的不同脈絡獲得詮釋與討論；第五、六章討論社會工作督導的重要功能——行政、教育與支持性功能；第七章探討督導者與被督導者之間的權力議題，包括職權的行使，以及督導者與被督導者之間的權力遊戲；第八章討論督導的階段、策略與技巧；第九章是有關督導的直接實務工作——督導會議的特定形式與結構；第十章總結督導研究的現況及其未來遠景。

本書乃針對四個可能讀者群的需求，他們分別是社會工作的學生、社會工作的教育者、第一線的從業人員，以及社會工作督導者。當然，其他對這些主題有興趣的人也可能發現這本書的用處。本書可用於社會工作的學院系所，當作社會工作督導課程的教科書，因為它包含了歷史發展的文獻回顧、理論與模式，以及經驗性研究調查。我希望學生與老師，以及被督導者與督導者，發現本書的有趣與有用之處。

　　最後，也是最重要，這是從督導的實務經驗中產生的一本書，也是意欲促進督導實務的一本書。雖然本書的「視野」（vision）也許不是「超級好的」（super），但我希望它終究有助於我們實現並且活化社會工作的使命，亦即，有益於我們的案主。畢竟，那是社會工作督導的終極目標，也是本書的目標。

1

社會工作督導的歷史、定義與目標

社會工作督導的歷史

對社會工作自身的批判性洞察在社會工作督導的歷史發展中不斷出現，但在學術界卻很少注意到「社會工作督導」這個主題（Rabinowitz, 1987），也少有人曾努力透過社會工作實務的歷史去發現督導工作何時開始、如何形成。因此，只有藉由社會工作督導的尋根之旅，我們才能瞭解其哲理、確認其重要特點、釐清其功能，並且在組織與文化的脈絡中解釋那些功能。由於社會工作督導的歷史漫長（始於一八七七年），為便於回顧，遂將其分為五個階段，每個階段都有自己的突顯性主題。

階段一、從行政管理起家的社會工作督導

北美社會工作督導根源於慈善組織會社（Charity Organization Society, COS）運動，該運動始於一八七八年美國紐約州水牛城（Buffalo, New York）。現今的社會工作督導有三個主要功能：行政、教育與支持性功能（Austin, 1957; Erera & Lazar, 1994a; Kadushin, 1976, 1985, 1992a; Kadushin & Harkness, 2002; Munson, 1979d, 1993; Payne, 1994; Poertner & Rapp, 1983; Shulman, 1993, 1995），但對於哪一個才是當時的主要功能，曾有相當多的爭議。有些學者認為，社會工作督導的設立是

為了發揮教育功能（*Encyclopedia of Social Work*, 1965; Kadushin, 1976, 1985, 1992a; Kadushin & Harkness, 2002）；有些學者則主張，社會工作督導是為擔負行政責信（administrative accountability）而起家（Austin, 1957; Kutzik, 1977; Waldfogel, 1983）。

那些以教育功能為主的學者相信，在早期慈善組織會社年代，大部分機構的訪視員皆為未受專業訓練的志工，因此教育督導在當時是必要的（Kadushin & Harkness, 2002）。然而 Kutzik（1977）指出，雖然這些訪視志工未受專業訓練，但他們皆出身上層社會，而且又都是機構的董監事成員，不可能被那些機構所雇用且來自中產階級或勞動階級的辦事員或個案助理所督導。一如 Kutzik（1977）的觀察，慈善組織會社工作人員之間的習慣是諮詢而非督導，而慈善組織會社運動平等主義的性質也使得行政督導的科層關係難以建立。因此，可以推斷慈善組織會社運動早期並沒有行政督導（Kutzik, 1977）。直到二十世紀的開端，雇用中產階級或勞動階級擔任機構訪視員之舉開始興起，由於機構需要維持穩定的訪視人力，有些職位變成有給職，然後督導才成為服務機構的高層管理，以確保行政責信。在這樣的歷史脈絡下，督導最初有可能是以行政而非教育或支持的功能出現。雖然現在有很多督導者與第一線的社會工作人員認為，社會工作督導是源於教育或支持的目的與功能，但若從社會工作領域的歷史來看，那只是完美典型，而非真實。

雖然行政功能是社會工作督導在二十世紀初期最早出現的功能，但教育與情緒支持的功能也緊接著產生。由於一些機構的訪視員不知該如何提供協助給需要的人，因此人員流動率高，於是機構中有經驗的或資深的員工開始針對機構訪視員實施職前與在職訓練（Kadushin, 1981; Kadushin & Harkness, 2002）。然而資深員工的主要職責還是行政督導，例如方案規劃、分派工作給志工、評估服務輸送的結果，同時，督導們也提供情緒支持給那些在與案主工作過程中遭受挫折的機構訪

視員;這是在社會工作歷史中對於支持性督導的最早記錄。儘管如此,
早期社會工作專業的主要督導模式還是行政督導,這模式一直持續貫
穿二十世紀。

階段二、社會工作督導脈絡的轉變:轉移到教育功能

紐約慈善組織會社在一八九八年為二十七位學生提供為期六週的
暑期訓練計畫,這大概是世界上第一個正式的社會工作教育計畫。在
幾次的暑期訓練計畫之後,紐約慈善學校(New York School of Philan-
thropy)於一九〇四年創立,提供一年的實習指導計畫。紐約慈善學校
後來成為第一所社會工作學校,也就是現在紐約市的哥倫比亞大學社
會工作學院(Columbia University's School of Social Work)(Kadushin &
Harkness, 2002; Robinowitz, 1987)。

史上第一次的實習督導課程,在一九一一年由Russell Sage基金會
的慈善組織部(Charity Organization Department of Russell Sage Founda-
tion)贊助,當時該基金會的董事長就是在社會工作界備受景仰的先驅
Mary Richmond(Kadushin, 1976, 1985, 1992a; Kadushin & Harkness,
2002)。在一九二〇年代,社會工作人員的訓練地點從服務機構轉移
到大學,實習督導的出現被視為教育的過程,傳授需要的價值、專業
知識和實務技巧給未來的社會工作員,學生也在實習場域的個別督導
時間學習社會工作實務(Munson, 2002)。這種形式是取自英國像劍橋
(Cambridge)和牛津(Oxford)大學的個別指導方式,這些教育源起
使得個別督導的個別督導會議(individual conferences)成為現在機構
督導社會工作人員最普遍的模式。根據Munson(2002),雖然社會工
作督導的形式和結構從十九世紀晚期持續至今不變,但其內容已隨時
間逐漸發展;社會工作督導反映出我們社會的價值和專業實務的策略。
社會工作督導者將其從學院所學運用在實務工作上,並且在成為督導
者後扮演指導者的角色,這是自然而然的事,個別督導會議也因此成

為社會工作督導的主要形式（Kadushin, 1992b; Ko, 1987）。雖然過程中的焦點和結構有所不同，但學生督導確實對社會工作場域中的社會工作員督導形式和內容有所影響（Bogo & Vayda, 1998），在某些第一線社會工作員的心中，學生督導仍然是社會工作督導的理想形式。

在一九二〇年以前，社會工作還沒有討論社會工作督導的參考文獻（Kadushin & Harkness, 2002），然而當實習督導成為社會工作教育整體不可或缺的一部分時，光是教學生「如何」成為社會工作員顯然已經不夠；為了讓訓練計畫夠充分、夠全面，教授實務工作的老師還必須能夠讓學生瞭解「為何」社會工作的策略是有效的。學生督導是為了讓學生「做中學」（learning by doing）的機制，由經驗豐富的社會工作員監督學生的工作。學生督導被視為學習過程的主要部分，其取徑不同於服務機構中的員工督導，因為實習指導的功能主要是教育性的，以連結學校社會工作教育與組織實際服務情形之間的落差（Bogo & Vayda, 1987; Rogers & Mcdonald, 1992; Vayda & Bogo, 1991）。

教學需要某些理論基礎。Virginia Robinson 於一九三六年出版第一本有關社會工作督導的書，書名為 "Supervision in Social Case Work"，書中將督導定義為「教育的過程」（Robinson, 1936）。之後在一九二〇至一九四五年期間，有三十五篇討論有關個案工作者督導的文章刊登在 The Family 期刊中（該刊曾更名為 Social Casework，現名為 Families in Society），在此期間，社會工作員的專業發展成為社會工作督導的主要目的（Burns, 1958; Harkness & Poertner, 1989）。有段很長的時間，學生督導和員工督導被視為雷同，直到一九六〇年代中期，才有學者和研究者開始認清，學生督導和員工督導之間的概念、方法論和實際操作並不相同，Bogo 和 Vayda（1987）則從目的和任務、活動、時間觀、主要焦點、被獎勵的行為、工作方法和管理方法的角度，將兩者之間的差別概念化。

根據 Bogo 和 Vayda（1998），學生實習督導和員工督導的參照架

構有七點差異。第一，學生實習督導的目的和任務是教育，而員工督導是為了案主的服務品質；第二，社會工作在學校的主要活動是教學和研究，而在服務組織中強調的是服務輸送的效果（effectiveness）和效率（efficiency）；第三，學校著重在未來取向的目標（future-oriented goals），例如建立學生的價值傾向、知識和技能，而在社會工作機構卻是聚焦於眼前的目標（present-oriented goals），也就是提供高品質的服務；第四，學校主要著重在對實務現況的分析，而服務組織則集中在對現有服務計畫的維持、提升和服務的有效性上；第五、學生實習的工作包括批判性的分析、發展嘗試並報告新的想法、從事獨立的心智活動，而組織則追求稱職的工作表現、體制的維持和相互依賴的團隊工作；第六，學校對社會工作的探討比較一般和抽象，而在服務組織中需要的是特定且具體的工作方法；最後，學校學院式的管理方法是尋求同儕共識的決策方式，而在服務組織中採取的是權責中心化的科層制度，以確保對管理高層和經費支持團體（funding bodies）的責信。

階段三、受實務理論與方法影響的社會工作督導

在一九二〇年代到一九三〇年代期間，社會工作領域的創新並不侷限於教育，實務工作上的重大改變也對社會工作督導有深刻的影響。心理分析理論在一九二〇年代成為助人專業中具影響力的典範（Munson, 2002），並導致一九三〇年代心理分析與社會工作的整合，社會工作有選擇性地採借心理分析的理論，尤其是採借無意識的概念（concept of the unconcious），以對社會工作員和案主的動機、想法、感覺和行為有更切近的瞭解。社會工作員開始瞭解到，對他們自己個人態度和感覺的自我覺察（self-awareness）和瞭解，對專業實務有多麼重要。在此期間，由於普遍受到心理分析理論的影響，督導過程被視為一種由社會工作督導者來進行的治療過程（Rabinowitz, 1987）。社會工作員由於受到無意識、移情（transference）、反移情（counter-transference）等心理分析概念的影響，開始覺察到自己對案主的感覺、想法和行為受其他超乎自己意識得到的因素所影響。為了提供好的服務，社會工作員就得有自覺，而在督導者和被督導者共同參與的個別督導會議中所進行的分析或治療，是獲得自覺的過程，這些個別督導會議也揭示社會工作督導在個人和情感面向的啟發。

　　一直到一九五○年代，社會個案工作方法對社會工作督導的形式和結構產生重要的影響（Austin, 1952; Munson, 2002; Towle, 1954），某些面向至今仍明顯可見，例如督導者與被督導者之間的雙面關係（dyadic relationship）以及對督導會議內容的保密。有些督導者甚至將「社會工作員─案主」督導模式的概念延伸，將臨床督導上稱為「異種同形」（isomorphism）的平行過程含納進來，指的是某一個複雜的結構被複製到另一個複雜的結構之上，也就是讓被督導者以督導者用來協助他們的技巧與方法來協助案主。Kahn（1979）曾經指出，督導者覺察到此平行過程的作用，對案主的處遇和對社會工作員的督導，都需要在比較具有知識的專家和有動機的學習者之間建立起好的關係，並試著將兩種過程中的認知和情緒連結，努力將「知道」（knowing）轉換為「行動」（doing）。然而，處遇和治療的目的有所不同。社會工作介入案主的目的是要提升案主的個人成長、因應事情的能力和社會功能，社會工作員為達成這些目的進行社會心理診斷；督導的主要目的則是提升專業成長，使被督導者能達到穩定的專業身分認同，為此，督導者必須進行教育評估和引領社會工作員的發展。

　　雖然個案工作方法仍被使用在社會工作督導上，但已被許多社會工作員所排拒，他們認為，「對個案工作者進行個案工作」（caseworking the caseworker）的作法侵犯被督導者的隱私（Kadushin, 1992b; Kadushin & Harkness, 2002; Ko, 1987; Munson, 2002）。助人專業者也是人，其隱私應受到尊重與保護。除非被督導者向督導者發出邀請，否則督導者沒有理由檢視被督導者的私人生活。

階段四、無可終結的督導與自主性實務工作間的爭議

　　從前面的討論中我們已看到，社會工作督導在社會工作實施初期是作為檢視志工工作的一種方法；後來在正式的社會工作訓練計畫中含括實習督導，作為大學學習過程中的一部分；在心理分析的處遇理論與方法整合到社會工作實務之後，督導成為對第一線社會工作員的治療過程；在一九五○年代期間，強調治療的風氣沒落，督導被視為是社會工作員專業發展的一個階段（Rabinowitz, 1987），雖然在督導的過程中心理動力仍持續有其影響，但社會工作督導已演變為伴隨第一線社會工作員專業生涯的終生過程。

　　在一九四○和一九五○年代，開始有人質疑，持續的社會工作督導對於受過專業訓練的社會工作員的價值與必要性（Austin, 1942; Bacock, 1953; Schour, 1951）。雖然一九五六年美國社會工作員協會（National Association of Social Workers，以下簡稱 NASW）的成立，使社會工作邁向成熟專業化的重要一步，然而，想要贏得專業地位的渴望很快就導向專業自主權的辯論。由於獨立執業與持續學習被視為是發展成熟之專業的兩大特徵（Waldfogel, 1983），有些社會工作員因此認為，長期的督導是對其專業的羞辱，象徵其對督導的依賴，為此，他們開始尋找其他可行之道（Austin, 1942; Eisenberg, 1956; Stiles, 1979），從而有了擺脫「永無止境的」督導而朝向實務自主的運動，並在多年的專業實踐後達成此目標（Austin, 1957; Munson, 2002）。擁護實務工作之自主性的倡導者堅持，只要具有社會工作碩士（MSW）的學歷及擁有在某特定服務領域二到六年的實務經驗，就該被允許獨立執業，必要時再諮詢外部專家即可。

　　一九五八年，NASW 的西紐約分會針對督導實務進行最早的一份實證研究，問卷採自行填答方式，發給西紐約分會的所有會員（N＝229），回收問卷中有一百份完整填答。一般而言，對督導感到滿意，

但希望能逐漸改變督導的方式，以貼近社會工作員的個別需要；雖然沒有人反對督導的權責或排斥督導者的行政功能，但他們更肯定督導的教育功能和支持功能。

階段五、在責信時代中回歸行政管理

隨著在一九八〇年代所流行的管理主義（managerialism）日漸盛行，政府或社會服務組織社群愈來愈要求社會服務組織要能確保其資金用於該用的地方，也就是基於「金錢衡量」（value-for-money）的考量以符合「成本效益」（cost-effective），因此，服務輸送成果的評估影響現今資源與經費的取得或分配，而服務品質不再只是取決於專業工作者自己的評估，也還要看經費贊助單位與服務消費者的評斷（Clarke, Gewirtz, & McLaughlin, 2000, 2001; Enteman, 1993; Flynn, 2000; Morgan & Payne, 2002; Pollitt, 1993; Tsui, 1998a; Tsui & Cheung, 2000b, 2004）。

從管理主義的觀點來看，案主是顧客（customer）而非服務消費者（service consumer）；經理人（manager）則取代第一線社會工作員成為服務的關鍵性人物；職員是「雇來的」（employee），其專業性常被忽略；管理知識取代常識或專業知識，被視為核心技巧；以市場而非社會或專業社群，為主要考量的環境因素；組織績效的衡量標準為「成本效益」（cost effectiveness，也就是效率），而非「有效」（effectiveness）；關係的基礎建立於契約而非關懷。換言之，在管理主義掛帥的時代中所強調的是工作績效、任務導向、標準化、文書化、消費主義以及成本概念，社會工作員與案主之間變成一種處理事務的關係，而非轉化生命的關係（Tsui & Cheung, 2004）。在所有這些改變之下，為了提供兼具效果與效率的服務給案主，服務組織的督導及整個專業又再次開始強調督導的行政功能。

在第五版的《社會工作百科全書》（Encyclopedia of Social Work）中，將此焦點之轉移視為社會工作督導定義的改變。在一九六五年，

社會工作督導還被定義為教育的過程（*Encyclopedia of Social Work*, 1965），但在接續更新的三個版（*Encyclopedia of Social Work*, 1971, 1977, 1987），社會工作督導的定義就更加行政取向了。以一九八七的版本為例，其強調督導的管理功能所反映的是，將督導的行政功能與教育功能做必要性的整合，以提高服務組織的品質與生產力。在一九九五年的版本，Shulman 同時提到督導的行政與教育功能，根據其觀察：「強調督導的教育面向一直以來都結合著次要的行政面向，後者致力於對社會工作的控制與協調，以確保工作的完成。（p. 2373）」督導在社會工作領域的變異與其社會工作服務的類型、職場環境及社會變遷有關，例如：醫務社會工作的督導工作因醫院個案有其時間限制的性質，而採取任務中心取向的工作方法，督導扮演比較多諮詢的角色；收容中心與兒童福利機構的督導，在法律的要求下，則強調對第一線工作人員工作績效的密切監督。

社會工作督導的發展

　　總括來說，社會工作督導在早年的慈善組織會社以行政實務起家；從二十世紀開始，大學紛紛開設訓練計畫，漸漸出現有關社會工作督導的知識和理論架構，使社會工作督導成為教育的過程，同時，在心理分析理論及其處遇方法的影響下，社會工作督導的形式與結構以個案工作為取向；當社會工作進展為成熟專業時，社會工作員之間爭取獨立與自主工作的聲浪日漸升高；但過去二十年來愈來愈要求責信，督導又回復其最初的行政取向，以確保服務組織提供給案主的服務品質，以及服務組織提供服務所需之資源。

　　過去一百二十五年來，社會工作督導的發展受外在經費資助團體及專業化力量的影響所左右。影響經費的因素眾多，包括對社會福利的普遍社會政治觀點及意識型態，這些因素決定服務組織能獲得什麼

資源及多少資源，也模塑出社會工作督導的行政管理性質。從社會工作專業的內部來看，社會工作員希望其專業地位能受到尊重與肯定，其積極作為包括：設立專業的訓練學院和專業協會、在實務工作中運用科學的知識、以倫理守則作為社會工作員自我檢視的機制，目前則更關注私人執業與證照立法的發展。這些趨勢對社會工作督導的影響持續可見（Munson, 2002），反映出社會工作督導的發展正如先前所概述，是歷史與文化交織而成的過程。

根據Munson（2002）的觀察，社會工作對社會有四個主要貢獻：(1)社會改革，(2)案主倡導，(3)短期且符合成本效益的介入模式，(4)有效的督導模式；此觀察突顯出社會工作督導在社會工作對社會的主要貢獻中的重要性。作為社會工作員，應看重社會工作專業所傳承下來的寶貴資產；作為社會工作督導者，應使其經驗與智慧能代代相傳。社會工作實務是人類為提高自身幸福而在跨世代之間持續進行的努力，同理，社會工作督導應該被視為督導者與第一線社會工作員努力不懈的學習，以維持對案主的服務品質。社會工作的畢業生常發現，學校的訓練無法為其因應瞬息萬變的職場任務做好準備，而督導正是跨越教育與實務落差（education-practice gap）的橋樑（Munson, 2002）。在強調責信的時代，社會工作督導有時被視為只是對第一線社會工作員的監控機制，會降低社會工作員的自發性與創造力，對此，社會工作督導不該只是「指導」社會工作員，還應「鼓舞」（inspire）他們，並使其有所「感動」（impress）。亦即，社會工作督導者最重要的工作是，傳承其對社會工作使命與願景之「熱情」（passion）給被督導者，如此一來，社會工作督導就成為資深社會工作員與社會工作新生代之間使命感的共享，那麼，社會工作督導也就不僅僅是專業實踐（professional practice），更是道德實踐（moral practice）。

在Munson（2002）的觀察中提到：「社會工作督導有責任知道、瞭解社會工作的傳承，並對被督導者傳達其中的意義。這種傳承感不

必得以技術性的方法表達,而可以以一種哲學的和實踐的方式提供實務工作者使命感,此使命感是不間斷的歷史運動的一部份。由此觀點經驗督導的實務工作者將獲得激發,使其在工作上更有效力,也比較不會喪失信心、理想幻滅並感到孤立,以致於在社會工作專業主義中失去自尊(Munson, 2002, p. 92)。」沒有了使命感,我們將成為遺棄社會工作使命、為 Specht 與 Courtney(1994)所批判的「不忠的天使」(unfaithful angels)。

社會工作督導的定義

有三種定義社會工作督導的取向:規範性的(normative)、經驗性的(empirical)與實用性的(pragmatic)。以下的討論重點會聚焦在社會工作場域中的組織督導(organizational supervision),以有別於針對社會工作學生的實習督導(fieldwork supervision)或針對諮商者的臨床督導(clinical supervision)。

規範性的取向

規範性的取向就是要為社會工作督導尋找一套規範或標準,其所強調的兩個基本問題是:(1)社會工作督導應該是什麼?(2)督導者應該做什麼?許多學者從行政和教育的功能來回應這兩個問題,但其對督導的定義重點仍因人而異(Erera & Lazar, 1994a; Kadushin & Harkness, 2002; Shulman, 1995)。以 Barker(1995)為例,他認為社會服務機構廣泛地運用社會工作督導作為行政與教育的過程,協助社會工作員深入發展、精鍊其助人技巧,以確保提供案主有品質的服務……(p. 371)。此外,社會工作督導被視為互動的過程,在此過程中,督導者透過教導、行政和支援的方式,來協助和指引被督導者的實務工作(Dublin, 1989; Kennedy & Keitner, 1970; Munson, 2002; Payne, 1979; Tusi

& Ho, 1997）。此定義社會工作督導的方法聚焦在觀念與理想，然而，此定義也許無法反映督導的日常實務工作。

　　一般而言，社會工作督導的短期目標是要增進社會工作員工作成效的能力，這可藉由提供好的工作環境、專業知識、實務技巧和情緒支持來達成（Kadushin & Harkness, 2002; Munson, 2002），既然社會工作督導的終極目標是要提供具效果與效率的服務給案主，社會工作督導就得保證第一線社會工作員有稱職的專業能力和令人滿意的工作表現（Gitterman, 1972; Harkness & Hensely, 1991; Harkness & Poertner, 1989; Kadushin & Harkness, 2002; Watson, 1973），因此，督導是在社會服務機構的社會工作實務中重要且不可或缺的一環。以規範性的方法來定義督導的重點不在於討論督導實務場域中發生的事，而是聚焦於督導的應然面與目標。

經驗性的取向

　　對採用經驗性取向定義督導的人而言，重要的問題是：督導者真正要做的是什麼？想回答這個問題，就要收集有關社會工作督導者的角色、作風和行為等方面的經驗性資料（Kadushin, 1974, 1991, 1992b, 1992c; Ko, 1987; Munson, 2002; Parsloe & Stevenson, 1978; Poertner & Rapp, 1983; Shulman, 1982, 1993; Tsui, 2001）。Kadushin（1974, 1992b, 1992c）在對社會工作督導實務做了廣泛的檢視之後，其結論認為，督導者是行政管理的一員，其所提供的間接服務包括行政、教育及支持等功能。Kadushin 和 Harkness（2002）對每一督導功能的構成要素有詳細的描述，他們認定督導的行政、教育和支持功能有所重疊，然而，每一功能都有其相關聯的特定問題與目標。行政督導聚焦在組織政策與規則的正確性、有效性和執行的適切性；教育督導的目標則在於如何讓第一線社會工作員具備完成工作的必要價值、知識和技巧；支持督導則希望提高第一線社會工作員的工作滿足感與士氣。

Austin（1981）也同 Kadushin 一樣分類督導的角色，他為督導建立了四個專門領域：直接服務、組織和行政、訓練，以及員工管理，這套角色分類反映了社會工作督導的功能：行政、教育、支持，以及與員工相關的功能。然而這些角色可能有所衝突，例如，在以色列所收集到的資料就顯示出行政與教育功能之間的不相容。Erera 和 Lazar（1994a）建議，這些功能應分開由不同的人來行使：一個機構內的行政督導者搭配一個機構外的專業諮詢者。Miller（1987）主張，一個組織努力要使其服務活動能符合專業標準、財務限制並獲得政治支持，督導者在這種種努力上扮演重要的角色。Williams（1988）指出，督導者扮演的並非單一角色，而是要扮演不同的角色。

根據 Poertner 和 Rapp（1983）所做的一份工作分析報告指出，督導者著重在其行政管理的角色（占其工作的 63%），教育和支持活動只占其職責的 20%，但 Harkness 和 Poertner（1989）認為，這些實證和描述定義的價值有限，因其無法充分區分社會工作督導者和第一線社會工作員之間的差別。事實上，從進行社會工作督導的實證研究到建立起社會工作督導的實證理論，還有一段長路要走。

實用性的取向

實用取向的目標並非為社會工作督導提供正式的定義，而是提供社會工作督導的行動指導方針，並確認其功能和任務。在這五十年來，對督導的功能所做的定義總是要兼顧行政、教育和支持等三個功能的平衡，但哪一個功能才是最重要的，一直爭論不休。在所有的辯論中，督導的行政和教育功能往往為爭奪后冠僵持不下，其支持功能幾乎總是敬陪末座。

自從一九五○年代開始，行政功能和教育功能的兼容性就已受到質疑（Arndt, 1955; Austin, 1956; Berkowitz, 1952; Erera & Lazar, 1994a; Feldman, 1950; Hester, 1951）。凡倡導社會工作督導要兼顧三個功能平

衡的人（Kadushin & Harkness, 2002; Payne, 1994; Wilson, 1981）都相信，雖然不同的功能代表不同的組織界線，也意味著不同領域的知識和技巧，但它們之間不僅調和，而且可以互補。另外的研究者（Austin, 1956; Erera & Lazar, 1994a; Miller, 1987）則主張，行政與教育功能之間存在著固有的不相容性，最好將兩者分開，督導工作才會比較有效，社會工作督導者的職責應該集中在行政功能，教育功能則留給諮詢專家來發揮。

在以上雙方的主張都沒有其經驗基礎的同時（Erera & Lazar, 1994a），也有研究顯示，在實然面與應然面之間，以及在督導者花最多時間的工作與其認為最重要的工作之間，存在著有趣的落差（Middleman & Rhodes, 1985; Payne, 1994）。雖然行政工作占去督導者大部分的時間（Poertner & Rapp, 1983），但他們卻認為教育是社會工作督導最重要的功能（Kadushin, 1992c）。

在一九五〇年代，Austin（1957）曾對督導的功能提出三個十分重要的問題，這些問題對今天的督導工作仍具重要意義。第一，在專業分工愈來愈細的情況下，督導是否還能繼續將行政和教育功能放在一起？第二，若將督導的行政功能和教育功能分派給不同的人負責，新的分工是否就會有效？第三，專業的社會工作員能否為其自身的工作承擔更多的責任，並主動尋求可能的諮詢管道，而不是一直被動地接受督導？可惜的是，雖然有很多人努力要解決督導工作中不同功能之間的衝突，而且也有很多不同的建議被提出（例如：Middleman & Rhodes, 1985; Rich, 1993; Rivas, 1991），但 Austin 五十年前所提出來的問題，至今仍懸而未決。

個別督導、專業督導和組織督導

在社會服務組織的社會工作督導，透過三種形式提供廣泛的檢視：

個別督導、專業督導和組織督導。個別督導關注社會工作員在工作環境中所需要的情緒支持，在個別督導的過程中，督導者將被督導者當朋友一般對待，彼此之間是基本的、非正式的個人關係；專業督導著重社會工作員在專業成長及問題解決上所需具備之專業價值、知識和技巧，在此過程中，督導者協助被督導者發展其助人專業能力，社會工作督導則被視為專業成長的方法，在某些社會服務組織中，社會工作督導被視為是一種員工發展的活動；組織督導聚焦在行政管理面向，強調服務輸送的品質和介入的功效，主要是為了履行組織對專業社群與經費來源單位的責信，從組織督導的觀點來看，被督導者是受雇者，此觀點有助於區辨社會工作督導與諮詢，督導者和被督導者之間有著權力層級的重要差別，不再只是諮詢者和被諮詢者的關係。

社會工作督導的目標

在檢視過社會工作督導的內容之後，接下來必須要思考的是，社會工作督導努力要達成的目標。根據 Kadushin 和 Harkness（2002）的觀察，社會工作督導終極的長期目標是提供案主有效率及有效果的服務，而就短期而言，行政督導的目標是提供第一線社會工作員清楚的工作脈絡，好讓他們能有效行事；教育督導的目標是藉由協助社會工作員發展其專業，盡可能擴展其實務知識與技巧，來增進社會工作員有效行事的工作能力；支持性督導的目標，則希望能確保社會工作員工作愉快。

Payne（1994）在社會工作文獻中識別十七個社會工作督導的特定目標，可根據適用對象將這十七個目標分成三類：為案主的目標、為被督導者的目標和為督導者及管理的目標。首先，督導應確保案主獲得最大的利益，以法令或規定禁止社會工作員對案主有不適當反應與對待；其次，社會工作督導要使被督導者能提供更有效的服務、獲得

有用的第二意見、更加關注自己的介入、追求專業發展、獲得回饋、處理自己的情感以及提升自我管理的能力；最後，從督導者的觀點來看，督導是用以維持服務水準與士氣，監督工作量，檢討並計畫處遇，保持客觀性，提供批判性的分析，讓資深或較高階的工作人員瞭解第一線社會工作員的工作狀況，保證法庭指令、法規要求及其他義務的履行，並且維繫高水準的專業表現。

綜前所討論，定義社會工作督導的方式有很多種，使用不同方式就會產生不同的界定。儘管定義不同，但至少幫助我們對社會工作督導是什麼及應是什麼有一完整的圖像。

2

社會工作督導的理論模式

社會工作督導的模式

　　模式是有助於瞭解真實的精簡描繪（Dechert, 1965; Galt & Smith, 1976），Sergiovanni（1983）建議，建立模式應該包含該模式的理想、脈絡、構成要素和行動指導方針。社會工作督導模式能釐清督導過程，是督導工作的有用工具。由於模式明確且具有彈性，也就容易被測試與修正（Bernard & Goodyear, 1992）。在督導的實務中，模式能提供共通的語言，作為督導者與被督導者之間溝通的橋樑。雖然從模仿、嘗試與錯誤經驗中也可能學習到如何督導，但如果有模式，督導者就能對督導過程中的概念有全面的掌握。

　　正如在第一章所提到過的，社會工作督導的歷史幾乎與社會工作實務本身發展的時間同樣久遠，雖然其形式和重點隨著時代的變遷而有所不同，督導仍在社會工作領域中占有獨特且重要的地位（Waldfogel, 1983）。社會工作督導不僅被公認為是決定第一線社會工作員工作滿意度的最重要因素之一，也對服務品質有著關鍵性的影響（Harkness, 1995; Harkness & Hensley, 1991; Harkness & Poertner, 1989; Kadushin & Harkness, 2002）。

　　已有學者指出助人專業中的許多督導模式（Bruce & Austin, 2000; Latting, 1986; Lowy, 1983; White & Russell, 1995），Rich（1993）甚至將

督導領域稱為「督導叢林」（supervisory jungle），就像管理理論已經根據Koontz（1961, 1980）創造出「理論叢林」（theory jungle），社會工作督導的模式也已迅速激增。儘管如此，卻還沒有具實證基礎的社會工作督導理論可用於社會工作專業（Kadushin & Harkness, 2002; Middleman & Rhodes, 1985; Munson, 2002; Tsui, 1997b; White & Russell, 1995）。

　　許多學者也借用其他社會科學的理論來描述、解釋和預測督導者和被督導者在督導過程中的行為（Kadushin & Harkness, 2002; Munson, 2002; Shulman, 1993; Tsui, 1997b）。從一八○○年代晚期到一九五○年代的主要趨勢是借用心理學的理論，特別是佛洛伊德的心理治療（Bernard & Goodyear, 1992; Munson, 1981）。自從一九五○年代開始，也有學者轉向社會學從中建立一些概念基礎，例如Munson（1976, 1979a, 1979b, 1979e）就根據Merton的角色組合（role set）和互動理論將督導工作概念化，而Shulman（1982, 1993）也藉由Schwartz所建立的架構來發展互動的督導模式。此外，社會工作督導也從其他像醫療、護理和教育等助人專業取經，將其運用在日常的實務工作中（Rich, 1993）。

　　Rich（1993）曾經檢視當時所有的督導模式，並建構了一個包含督導的所有觀點和構成要素的整合模式，此模式以其六個分類領域為主要特色，這六個領域分別為：促進的環境（facilitative environment）、督導的關係（supervisory relationship）、結構的要素（structural elements）、督導的技巧（supervisory skills）、學習經驗的提供（provision of learning experience）及督導的角色（supervisory roles），這六個範疇中的每一個都還包含一些詳細說明的要素。「促進的環境」指的是安全、開放、自主、互動和分享的環境，讓被督導者在其中有強烈的學習動機，也便於督導者提供適當的支持，隨時留意社會工作員的需要；「督導的關係」要有親近性、信任和感同身受；「督導的結構」必須包含清楚的目的和明確的期待、領導的一致性、強化學習、正面的回饋，以及以個案為取向的督導會議；基本的督導技巧包括技術層面的

技巧、傾聽的技巧、溝通的技巧、分析的技巧、詳細闡述和詮釋的技巧；強調經驗分享的「成人學習的原則」要被運用在督導的過程中，被督導者應被視為有主動學習能力的人，他們需要示範模仿、經驗學習和引導式練習；最後，督導者必須扮演輔導者、教師、諮商者、同事、良師益友和評估者等必要的角色。Rich 的模式提供有用的指引，讓督導者能有信心將督導工作做得更好。

　　Holloway（1995）曾經建構「督導的系統取向」（systems approach to supervision, SAS）模式，該模式強調臨床督導中不同次級系統之間的相互關係。McKitrick 與 Garrison（1992）則提出一套理論建構的要點，不僅有助於督導實務模式的建構，也提供詳細的行動指導方針，以釐清督導的哲學、脈絡、方法、過程、督導者與被督導者的關係以及結果。雖然這些模式是從臨床督導的實務經驗中所衍生出來，但它們對社會工作督導模式的條件與構成要素的系統性整理仍提供了有用的參考架構。本章將檢視不同的社會工作督導模式，社會工作對於社會工作督導模式有多種不同的詮釋，本書作者整理出五個範疇十一種的社會工作督導模式，如表 2.1。

實務理論模式（Practice theory as a supervision model）

　　有不少學者注意到臨床督導者採用治療理論作為督導的模式，他們舉出此發展現象的種種理由（Liddle & Saba, 1983; Olsen & Stern, 1990; Storm & Heath, 1985）。第一，在缺乏正式的督導理論的情況下，根據實務理論的架構來發展督導模式是一途；第二，治療理論已發展得相當完備，包括其理論的假設、組成要素和內容，都有明確的定義；第三，治療理論在現有的文獻中都有明瞭易懂的說明，對督導者和第一線社會工作員而言，會比較容易搜尋與整理；第四，治療理論為實務技巧提供了具體的方向；第五，讓督導的模式建立在已有根據的理論上，有現成可用的指南供參考；最後，因為治療與督導的形式類似，社

表 2.1　社會工作督導模式

模式名稱	來源根據
1. 實務理論模式	Bernard & Goodyear, 1992; Liddle & Saba, 1983; Olsen & Stern, 1990; Russell, Crinnings, & Lent, 1984; Storm & Heath, 1985
2. 結構功能模式	
(1)督導的功能模式	Erera & Lazar, 1994a; Kadushin & Harkness, 2002
(2)整合模式	Gitterman, 1972; Lowy, 1983
(3)權威模式	Munson, 1976, 1979a, 1981, 1993, 2002
3. 機構模式	
(1)個案工作模式	Kadushin, 1974, 1992b; Ko, 1987
(2)團體督導模式	Kadushin & Harkness, 2002; Sales & Navarre, 1970; Watson, 1973
(3)同儕督導模式	Watson, 1973
(4)團隊服務輸送模式	Kadushin & Harkness, 2002
(5)自主性實務模式	Barretta-Herman, 1993; Epstein, 1973; Kadushin, 1974; Kadushin & Harkness, 2002; Kutzik, 1977; Rock, 1990; Veeder, 1990; Watson, 1973; Wax, 1979
4. 互動過程模式	Gitterman, 1972; Gitterman & Miller, 1977; Hart, 1982; Latting, 1986; Shulman, 1993; Stoltenberg, 1981; Worthington, 1984
5. 女性主義模式	Chernesky, 1986; Hipp & Munson, 1995

會工作員比較不會抗拒，例如以問題解決為焦點的治療提供了結構的形式和規劃清楚的步驟來協助案主，重點在於一段有限時間內按部就班的進展，而不是冗長的問題討論。

　　治療與督導之間的平行連結稱為「異種同形」，這種情形發生在當兩個錯綜複雜的結構相遇卻有所互通的時候，任何一方結構中的組

成要素都可在另一方找到其相對應的相似部分（Bernard & Goodyear, 1992）。然而，在治療和督導之間的異種同形關係仍然有些缺點（Russell, Crinnings, & Lent, 1984）。首先，它會妨礙督導在明確而獨特的正式理論上之發展；其次，它也會阻礙以整合的方式看待督導議題；第三，治療的理論學者往往無法將其假設和構思的結果操作化，而難以進行檢證；最後，依賴治療理論就意味著社會工作督導專業本身未臻成熟，而社會工作督導專業成熟的指標之一，正是要有自己不同於治療觀點的理論模式（Bernard & Goodyear, 1992）。

結構功能模式

社會工作督導的結構功能模式（structural-functional models）著重在督導的目標、功能和結構，可分為督導的功能模式（supervisory function model）、整合模式（integrative model）和權威模式（models of authority）。

督導的功能模式

此模式強調督導的行政功能、教育功能和支持功能（Erera & Lazar, 1994a; Kadushin & Harkness, 2002），每一項督導的功能都有一套要解決的問題和目標。行政督導的要務是堅守機構的政策和程序，並有效地執行；教育督導針對社會工作員的專業知識和技巧，目標在增進其實務的專業能力；支持性督導要照顧到社會工作員的工作量和壓力是否過重、工作士氣如何，以提高社會工作員的工作滿意度和工作動機（Kadushin & Harkness, 2002; Shulman, 1993, 1995）。督導的功能模式為督導者提供清楚的界限和方向，每項功能也都有其整套要完成的工作，容易瞭解與執行。

整合模式

Gitterman（1972）提出三種督導模式：組織取向模式（organiza-tional-oriented model）、社會工作員中心模式（worker-centered model）以及整合模式。組織取向模式聚焦在案主成效，在此模式中，社會工作督導是作為確保服務輸送成效的行政機制；社會工作員中心模式強調第一線社會工作員的工作滿意度和專業發展：社會工作督導被設想成第一線社會工作員發展的工具，此模式認為，稱職賣力的社會工作員會提高服務的成效；Gitterman（1972）偏愛整合模式，因為他認為整合模式是前兩種模式的結合，比較全面。他堅稱整合模式的詳細程度足以用來說明督導者和被督導者之間基本連結的動力，操作起來簡易好用，涵括知性（knowing）、感性（feeling）和行動（doing），督導者與被督導者雙方都有其要履行的功能和扮演的角色。

Lowy（1983）也規劃了三個有系統的模式：工作取向模式（work-oriented model）、理論方法取向模式（theory-and method-oriented model）和學習模式（learning model）。工作取向模式確保社會工作員的工作進行能符合組織和專業價值的要求；理論方法取向模式強調思想和方法的學派；學習模式著重督導的教育面向。在操作上，以上三種模式無一能單獨存在，督導者總是將三者整合運用，儘管如此，它們仍有助於督導模式的概念化。一如Lowy（1983）所指出，假如社會工作督導要能夠不只是提供第一線社會工作員零碎片斷的行動指導，而是要在實務工作上對他們有更大的影響的話，就必須朝理論建構邁進。如此一來才能對社會工作督導及其對社會工作理論和實務之影響的相關議題，引發重要且有意義的討論。

權威模式

Munson（1976, 1979a, 1979b, 1981, 1993, 2002）曾為文討論社會工

作督導權威的行使，他認為在督導關係之中，督導者所行使之權威應該用在滿足被督導者的需要。Munson發展出兩種行使權威的模式：認可模式（sanction model）和能力模式（competence model）。根據認可模式，督導者的權威來自於組織的管理高層，而內涵於其行政管理位階的權威行使，乃通過組織的認可所賦予；能力模式則讓督導者依據自己的知識和技巧來發揮自己的專業權威，肯定督導者有「能力」勝任其職責。Munson（1979b, 1981）對六十四位督導者和六十五位被督導者進行一項研究調查發現，督導權威的來源會對督導者與被督導者的互動程度、督導與工作滿意度，以及成就感產生顯著差異，在Munson（1979b, 1981）對這些變項進行比較後發現，能力模式在創造頻繁互動、督導過程的高滿意度、高成就感以及高工作滿意度上比較有效。這項研究顯示，在提高督導者與被督導者的互動與工作滿意度上，權威的能力模式比認可模式有效。

機構模式（Agency models）

在社會服務組織中，督導模式往往反映出機構的控制程度（Kadushin & Harkness, 2002; Skidmore, 1995; Watson, 1973）。高度強調行政權威的個案工作模式（casework model）就是極端的例子，另一極端的例子是強調高度專業自主的自主性實務模式（autonomous practice model）（Epstein, 1973; Rock, 1990; Veeder, 1990），在此二極端之間的是團體督導模式（group supervision model）（Brown & Bourne, 1996; Getzel, Goldberg, & Salmon, 1971; Kaplan, 1991; Kaslow, 1972; Shulman, 1993）、同儕督導模式（peer supervision model）（Skidmore, 1995）和團隊服務輸送模式（team service delivery model）（Payne & Scott, 1982）。

個案工作模式

社會工作實務的理論對社會工作督導理論有很大的影響，尤其是

社會個案工作（Kadushin & Harkness, 2002），這也許能說明為何督導形式看起來像個案處遇。個案工作模式的構成要素有：督導者和被督導者是一對一的關係；督導者的角色包含行政、教育和支持功能。此模式是最被廣為採用的督導模式，尤其常用在督導經驗不足的社會工作員（Kadushin, 1974, 1992b; Ko, 1987），Kadushin（1992b）在一份國家調查中發現，83%的督導者和 79%的被督導者都表示，個別督導會議是督導的主要形式，個別督導通常設定一週一次，時間平均在一小時到兩小時之間，督導者傾向於從過去在學校唸書實習時，在實習督導者身上所學到的一對一個別指導方法來進行督導工作（Tsui, 2001）。

團體督導模式

　　團體督導模式是僅次於個案工作模式最受歡迎的社會工作督導模式，它往往被用來補強個別督導，而非予以取代（Kadushin, 1992b; Ko, 1987）。一如 Kadushin 和 Harkness（2002）所定義的，團體督導以團體的形式來履行社會工作督導的責任。團體督導的主要和終極目標一如個別督導，但團體督導省時省力，此外，由於團體中的參與者分享其困難和經驗，大家可以有更多的經驗交流和學習。

　　在團體督導中，督導者發揮團體領導者的功能，鼓勵社會工作員分享他們的困難與見解。由於此模式強調社會工作員的共同需求，團體中組成份子的差異性不能太大，這些差異性包括他們的專業程度或實務經驗（Watson, 1973）。在此督導模式中，團體內部主管與組員之間的權力要比其他督導模式更為平等，社會工作員感覺有更多的自由可以和督導者進行溝通，甚至表達對督導者的不滿（Kadushin & Harkness, 2002）。大家置身於這種相當自在的環境中學習各種不同的經驗，其中的情緒支持來自整個團體，而不僅止於督導者所提供。團體督導在處理特定的個別需求或問題時，當然也有其力有未逮的時候，有時也會發生同儕之間的競爭。因此，團體督導的成功與否取決於督

導者的技巧、社會工作員的動機以及組織的文化。

　　Brown 與 Bourne（1996）指出，督導者進行團體督導必須決定七件事：界限、任務、結構、角色、促進的型式、督導的關係和方法。第一，決定界限要考量的要素包括每次督導時間要多久（duration）、多久督導一次（frequency）、督導成員的性質、規則、保密性，以及團體會議的特色；第二，團體督導的任務有很多，通常有四個一般性的工作：提供情緒支持、提供實際諮詢、建立團隊和提出機構的議題進行討論，由於督導者必須衡量各種任務的情況與團隊進行諮詢，因此願景愈清楚，團體督導的效果會愈好；第三，關於團體督導的結構，團體成員在一開始就要決定好時間的運用、討論哪些內容、參與的形態，以及活動的種類；第四，團體成員的角色應有所不同，督導者當然扮演團體的領導者，其他成員則分擔其他責任（會議記錄、催化者、資源提供者等等），分工可依各自的興趣、技能或年資來決定，或是輪流也行；第五，必須決定促進會議的型式，包括會議結構的維持、討論內容的釐清、如何使會議順利進行等；第六，團體成員應該清楚瞭解誰正在督導誰，可能有四種樣態：由督導者督導團體中的個別成員、由團體來督導個別成員、由督導者督導整個團體、由團體成員自己來督導團體；第七，團體督導可採用的方法有很多，包括團體討論、小組討論（例如：兩人一組或三人一組）、角色扮演、結構性的團體運用、遊戲和放映活動（例如：藝術品和視聽影片）（Brown & Bourne, 1996, p. 162）。

　　團體督導當然有其優缺點。在優點方面，一如 Brown 與 Bourne（1996）所指出的，在團體督導中有更多不同的學習經驗可分享，因為第一線社會工作員可能從同儕間獲得支持，讓他們比較有安全感。團體督導也提供成員之間對彼此的經驗進行交流比較的機會，這過程可培養團隊精神、團體凝聚力和「我們」的認同感（the "we" identity），而督導者扮演團體的領導者，要明辨工作團隊的潛在問題，對一個團

體內部的各種角色做超越性的辨別。在團體中，同儕之間的影響會讓行為改變更可能發生，雖然被督導者會直接將督導者當作學習的榜樣，但透過同儕之間的相互支持，這種對督導的依賴會進展成獨立；團體透過同儕間橫向的教導、學習和支持，讓團體成員能獲得更多充權（empowerment）的機會（Brown & Bourne, 1996, p. 162）。

在缺點方面，Brown 與 Bourne（1996, p.162）提出一些警告，團體督導所聚焦的議題總是要盡量與大多數團體成員有關，那些特定和緊急的需求就無法被立即處理，在團體中也可能激起類似兄弟鬩牆和同儕競爭的情況，而新進社會工作員要進入一個督導團體往往有其困難，在很多情況下，不必承擔探求問題、問題解決與決策的責任似乎比較輕鬆，在團體缺乏信賴時，批判性的回饋可能抑制討論。相較於個別督導，督導者在團體督導中暴露在更多人面前，需要有更大的自信。有時候督導者對某一成員所進行的評論和介入，可能對其他成員造成問題，當團體的討論偏離主題時，督導者也可能發現不容易拉回來，因此督導者必須清楚掌握團體的互動、團體動力和團體中的個人行為，也就是必須能同時聚焦在個人和團體兩者上。最後要注意的是，對團體規範的順從，可能扼殺工作團隊的創造力與生產力。

同儕督導模式

同儕督導不依賴某位特定指派的督導者，所有參與其中的工作人員一律平等（Hardcastle, 1991; Watson, 1973），社會工作員對自己的工作負責。在這種督導模式中，督導者與被督導者之間沒有定期的個別督導會議，取而代之的是由所有工作人員共同參與的個案討論會議以及經常性的同儕彼此諮詢。同儕督導模式創造一種互助與分享的氛圍，較能激發工作人員對他人需求與困難的敏感度。根據 Hardcastle（1991）的觀察，同儕督導模式可以提高社會工作員的責任感、責信和權威。此督導模式成功的主要關鍵是社會工作員的經驗，所以如果所有的社

會工作員都經驗不足，那麼選擇此模式可能不是明智之舉，因為參與者提不出對討論有用的適當知識。此外，服務環境的性質、案主的脆弱性和機構的責任義務也必須列入考慮。Hardcastle（1991）列出幾個可能決定督導結構的因素：

1. 社會工作員的技術愈錯綜複雜、愈反覆無常，就愈需要密切的督導。
2. 社會工作員的技術愈不可測、愈不確實，且其技術與所產生的結果之間的因果關係愈不確實、愈不清楚，就愈需要密切的督導。
3. 社會工作員的技術愈看不到，就愈需要密切的督導。
4. 社會工作員的技術愈不具逆轉性，且這些技術對案主的衝擊和風險愈大，就愈需要密切的督導。
5. 社會工作員的技術愈程序化，就愈不需要密切督導。
6. 第一線社會工作員的技術愈相互依賴且愈需要其他第一線社會工作員的配合才能完成工作的話，就愈需要密切的督導和協調。
7. 第一線社會工作員技術運用的經驗愈不足，就愈需要密切的督導。
8. 第一線社會工作員對組織的計畫與程序愈瞭解、愈有經驗，就愈不需要密切的督導。
9. 工作環境愈動盪混亂，對機構的風險就愈大，也就愈需要對社會工作員密切的督導。（Hardcastle, 1991, p. 74）

從同儕督導模式衍生出一另類模式稱為「協力模式」（tandem model）（Watson, 1973），可運用在同儕團體之外，由兩個第一線社會工作員組成，其中一個有專業經驗，另一個則相對資淺，雙方彼此諮詢。他們就像協力車（tandem bicycle）的兩個輪子，只是一大一小，但都

往同一個方向運轉。在專業實務中兩者都是實務工作者，沒有人擔任督導者的角色。在同心協力的過程中，他們不定期且非正式地討論彼此的任務和經驗，協力成員會錯開彼此安排度假的時間，如此一來才能代理彼此的業務，也讓自己有學習對方工作的機會。然而，協力成員並不對彼此的業務執掌負有責任，此模式的主要目標是分享彼此的專業知識和技巧。

　　協力模式類似教育界和護理界的師徒制，保持一種良師益友的關係（mentorship）。作為他人的良師益友，會關注對方的專業生涯，並給予指引和支持。這是一種在專業發展的不同階段兩個個體間的人際互助關係（良師與學徒）（the mentor and the protégé），其建立基礎是自願自發（Campion & Goldfinch, 1981; Collins, 1994; Kelly, 2001; Ragins & Scandura, 1994）。Chao（1998）主張，雖然師徒制並沒有清楚的定義概念，但它有四個基本功能：社會化、技術協助、生涯發展及情緒支持（Chao, 1998; Kelly, 2001）。社會化幫助學徒瞭解並適應組織中成文與不成文的文化；技術協助則透過直接的教導或交付具挑戰性的任務，以增進學徒的技巧，而良師要像通才，才能為學徒示範其所需要發展的特定技能；良師在促進學徒生涯發展上，要提供好的機會訊息、寫推薦信及支持特定職位之升遷；情緒支持包括接納、支持性的評論與適時的鼓勵。

團隊服務輸送模式

　　在團隊服務輸送模式中，督導者是工作團隊的領導者，沒有定期的督導會議時間，整個團隊的目標是工作本身，雖然在決策上督導有最後的決定權，但決策過程由團隊共同獻策促成。有關工作指派、工作監督和專業發展的責任，由團隊共同承擔（Kadushin & Harkness, 2002; Payne & Scott, 1982）。

自主性實務模式

　　當社會工作的專業性漸趨成熟的同時，社會工作員也愈來愈希望擁有更多專業自主性，這是專業發展過程中的自然現象，就如同創設專業訓練學校、有系統地建構專業倫理守則以及建立專業協會一般，水到渠成。主張專業自主的倡導者認為，有經驗的和受過專業訓練的實務工作者不需要一對一、面對面的直接督導（Epstein, 1973; Kutzik, 1977; Veeder, 1990），Veeder（1990）總結一份針對碩士班學生所做的調查，他們當時正修習督導管理課程，受訪者覺得，密切的督導對新進和經驗不足的社會工作員不可或缺，但對有經驗的社會工作員則否，因為有必要的時候，他們可以自行尋求其他專業人員的意見。

　　一般而言，那些具有碩士學歷並且始終在相同的服務領域工作的第一線社會工作員，通常會有二到六年的經驗（Kadushin & Harkness, 2002; Veeder, 1990; Wax, 1979），而 Epstein（1973）也主張，在社會工作領域中是有人可能自主從業的，但必須具備兩個先決條件：第一，解構科層權威的集中化（decentralization of bureaucratic authority）；第二，放棄以控制專業行為為手段而進行的教育過程。如此一來，雖然行政主管仍定期對社會工作員進行監督與考核，但社會工作的發展才會更具彈性。

　　Kadushin（1992b）曾在美國做了一項全國調查，結果顯示社會工作員接受其督導者的行政功能，但由經驗不足的督導者所提供的教育功能，則讓經驗老到的社會工作員有所抱怨。Mandell（1973）則發現，個別督導的時間如果拖得太長，較容易失去創意和開展性。在有自主性的實務工作中，社會工作員要自我引導（self-directed）（Rock, 1990），在沒有指派的督導者督導其工作的狀況下，對分內的專業工作必須自我負責。此外他們也必須主動追求持續性的教育，以提高自己的專業發展。已有人主張，應該讓受過訓練的社會工作員在受過幾

年的實務督導之後，為自己的工作與專業發展負責，事實上，這樣的自主性也早已出現在私人的執業中。

Barretta-Herman（1993）提出的督導模式針對的是持有證照之社會工作從業人員，由於他們被認為應該受過完備的訓練且具有充分的經驗，對持續的專業發展與責信負有主要責任的應該是從業人員，而非督導者，督導者只要扮演促進者（facilitator）就好。在這種情況下，團體督導可作為主要的督導模式，督導者不再是知識和技巧方面的超人，其主要責任是協助被督導者如何對自己的實務工作產生深刻的洞察，鼓勵被督導者做有目的性的反思與批判性的回饋，同時也為第一線社會工作員創造一個更具挑戰性的工作環境（challenging work environment）。這是一種互動式、相互依賴且更加平衡的督導關係。對第一線社會工作員而言，這種督導關係提供一個對其所做的處遇過程、結果和專業成長反躬自省的機會。但要注意的是如 Veeder（1990）所指出的，此督導方法會弱化真正自主專業者的「自我責信」（self-accountability），採用此方法的督導者也必須留意與專業和法律相關的責任義務。

根據Watson在一九七三年寫的一篇名為＜情況不同，督導方法也不同＞（Differential Supervision）文章中的觀察，督導的目的是要協助社會工作員在工作上變得更有能力、更有動力，以提供案主較佳的服務，在社會工作員需求不同的情況下，督導者應提供多元的督導方式，而非單一模式一體適用，才能滿足不同社會工作員的需求。當然，督導模式的採用也必須考慮組織的構成差異，包括服務環境和第一線社會工作員的發展階段。

互動過程模式

互動過程模式著重督導過程中督導者與被督導者之間的互動。Latting（1986）提出一調適的督導模式，指出督導者與被督導者之間有四

種互動的行為模態，分別為：工具性的（instrumental）、表達性的（expressive）、鼓吹性的（proactive）和反映性的（reflective）行為模式。工具性的行為模態適合用於行政與教育功能之發揮，而表達性模態則比較適合用於支持功能，督導者可以將鼓吹性模態或反映性模態運用於其表達行為上：「在鼓吹性模態中，督導者試圖在工作環境中影響社會工作員的態度和行為，其可能採取之形式有：嚴格的訓練、提供理論、將社會工作員難以言述的感覺說出、引導社會工作員思考其他可能的協助和資訊來源、策略性的提問。在反映模態中，由社會工作員主導互動，督導者變得比較像是一面回響板（sounding board），督導內容的重點比較不是在工作和過程的指導，而是協助社會工作員瞭解其假設和行動背後的基礎是什麼（Latting, 1986, p. 20）。」採取引導行動互動模態的督導者會鼓勵被督導者，或與被督導者通力合作；如果是反映模態，督導者會指示並要求被督導者採取主動。善用每一種模態，才可能產生有效的督導結果。

互動過程模式有兩種：發展模式（developmental model）和成長取向模式（growth-oriented model）。根據發展模式，督導的重點是在督導過程中瞭解被督導者的發展階段，提供其在該階段的專業實務所需的技巧（Hart, 1982; Stoltenberg, 1981; Worthington, 1984），例如開始與新進社會工作員建立督導關係時，督導者可能要著重在協助被督導者瞭解其在服務單位中的定位，被督導者進入狀況之後，督導者可能就要減少督導的頻率，好讓社會工作員在直接服務工作中有更大的自主性。成長取向模式是為被督導者所量身訂做，重點是提高被督導者對其個人自我（personal self）和專業自我（professional self）的瞭解，督導者必須將督導重點從服務輸送轉移到自我的發展，自我發展是發展專業助人關係的首要條件，而成長取向模式正是要讓第一線社會工作員表達自己的感覺、對個人內在有深刻的洞察，以及發展人格（Gitterman, 1972）。

女性主義夥伴模式

　　女性主義對社會工作督導的影響，正如同其在社會工作實務的不同領域一樣值得注意（Gross, 2000; Parton, 2003）。有些女性主義者批判傳統的社會工作督導模式，將無止境的督導、行政管控和督導者與被督導者關係中的權力位階，視為父權模式的不同表現形式。

　　已有學者（Chernesky, 1986; Hipp & Munson, 1995）提出女性主義的夥伴模式（feminist partnership model），此模式認為社會工作能夠自我指導、自律和自我規範，督導者與被督導者的關係是建立在雙方平等共享的夥伴關係基礎上，權力位階是學院的產物，作為工作監督機制的直接督導被團體規範和同儕支持等間接機制所取代。女性主義夥伴模式的倡導者宣稱，此模式比傳統的權威模式更符合社會工作專業的價值。此督導模式不僅是目前炙手可熱的辯論主題，往往也涉及政治性的議題。

社會工作督導要重視文化脈絡

　　本章討論了十一種現有的社會工作督導模式，沒有一種提及大環境的影響，而是著重在專業自主性、督導功能、督導關係、督導權威以及督導的形式。然而，社會工作員畢竟生活在某一特定的社會文化系統之下，該系統中的價值、信念和規範對其行為有相當程度的影響，但本章尚未論及此影響的重要性。此外，已討論的這些模式並非以彼此為基礎而建立起來，雖然每位學者都描述了社會工作督導的某些面向，但都不包含文化環境的更大架構。然而，在督導的文化脈絡中討論督導非常重要，如此才能宏觀而完整地進行探討。想想看，在督導過程中涉及的四方當事者：被督導者、督導者、機構和案主，誰能不受其社會文化強烈影響？

3

在文化脈絡中建構
社會工作督導的整全模式

本章將根據現有的文獻，理出一個社會工作督導的整全模式（comprehensive model）。

社會工作督導的哲學與原則

模式是精簡抽象化的真實，在專業的脈絡中，模式之建構所根據的假設和原則可反映該專業的基本哲理。社會工作督導模式也不例外，其哲理基礎來自社會工作督導者的理想和信念。只要徹底檢視督導的理論和實證基礎，就會發現影響督導模式之建立的七個基本原則：

1. 督導是在兩個人或更多人之間進行人際的溝通協議（interpersonal transaction），其前提是要有一個具經驗、夠稱職的督導者來協助被督導者，以確保對案主的服務品質（Kadushin, 1992a）。
2. 督導者要確保被督導者的工作符合機構的目標（Kadushin & Harkness, 2002; Shulman, 1995）。
3. 在此人際協議中，涉及行使職權（組織的行政功能）、交換資訊與想法（專業／教育功能）以及表達情緒（情緒／支持功能）

（Munson, 1976, 1979a, 1979b, 1981, 1983, 1993, 2002）。

4.督導屬於社會工作實務間接服務的一部份，反映社會工作專業的價值（Kadushin & Harkness, 2002; Munson, 1993; Shulman, 1993; Tusi, 1997a）。

5.督導者對被督導者的職責包括：監督工作表現；傳遞專業價值、知識和技巧；提供情緒支持（Kadushin & Harkness, 2002; Tsui, 1998a）。

6.為了反映督導的短期與長期目標，必須對督導的成效進行評估，其判準包括：社會工作員對督導、對工作成就及對案主成效的滿意度（Harkness, 1995; Harkness & Hensely, 1991; Kadushin & Harkness, 2002）。

7.就整體而言，督導工作涉及四方當事者：機構、督導者、被督導者，以及案主（Kadushin & Harkness, 2002; Shulman, 1993; Tsui & Ho, 1997）。

社會工作督導是一個使能（enable）的過程，是社會工作實務直接服務的一面鏡子，也可說是與直接服務之處遇並進的過程。為了提高專業能力、社會工作員士氣和工作滿意度，社會工作督導的原則是要讓社會工作員能實現其遠景，並明確表達社會工作的使命。透過如此督導的過程，才能對案主的服務輸送品質把關與改善。

人際的溝通交流

社會工作督導是督導者與被督導者之間的人際溝通過程，其溝通焦點針對的是組織中的特定職掌。在此非常密集的過程中，必須考慮到某特定文化內部的多樣觀點。人類這種社會性動物已經是由各種錯綜複雜的因素所聚合而成的複合體，而社會工作員則是更複雜的人類，因為社會工作員從其學院的訓練、延伸的教育和實務工作中學習到大

量有關人類行為的知識，而社會工作員也往往透過圓熟的人際溝通來完成其工作目標。

社會工作督導與社會工作根源於相同的價值，社會工作督導者與社會工作員也有相同的本質，因此在督導過程中，一個能發揮作用的督導者不是「超級的」（super）或「虛有其表的」（superficial）顧問，而是有血有肉的真實的人（real person）。事實上，許多稱職且受歡迎的督導者，都不是高高在上或特別聰明的人，他們只是以人道的態度盡其本分：堅守社會工作的原則，在以案主利益為最高前提的考量下，兼顧社會工作員的需求與感受。

社會工作員的訓練使其善於觀察、有敏感度，尤其是當他們在評估其督導的動機和行為時更是如此。因此督導者不應該耍權力遊戲，只需要如實呈現自己，時間自然會讓被督導者瞭解你。最理想的被督導者是主動學習並在實務工作上自我要求有所成長，督導者若要提供有效的督導，就必須在承認督導關係中的權力位階的同時，確立被督導者有知道、學習、選擇和說出不同意見的權利。督導與被督導的關係不應該只是一種專業關係，還要有個人的投入，這也就是為什麼在經過一段時間的共事之後，很多督導者和被督導者會成為一輩子的朋友。

Fox（1983）對督導者提出十二種行動指導方針的建議，作者根據督導的一般性功能將其分成以下三個範疇：

行政功能

1. 可親近且準備好樂於討論工作。

2. 持續提供具體的回饋。

3. 讓社會工作員一起參與目標之設定。

教育功能

 1. 加強建立與外部專家的聯繫。

 2. 鼓勵被督導者要更加獨立。

 3. 為專業成長提供規劃完整的教材。

支持功能

 1. 維持並促進一種信任、尊重、有趣且支持的風氣。

 2. 以開放、客觀和直接的態度處理令人痛苦的素材。

 3. 當無能協助或不知如何處理時，要誠實說明。

 4. 同理被督導者的感受、態度和行為。

 5. 識別被督導者的挫折、緊張和焦慮。

 6. 反省工作成敗，肯定並增強被督導者的成就感。

  很明顯的，Fox（1983）比較強調督導中的支持功能，因為它們是鼓勵社會工作員和維持士氣的重要關鍵，而一旦社會工作員願意繼續留在其服務單位、工作愉快並且有學習動機，自然就有好的工作表現。

機構的目標

  機構目標勾勒出一個機構體制的方向、使命及期望達到的成果。大部分的社會工作員受雇於社會服務組織，其工作的完成在於實現組織的目標，這反映在社會工作督導的整全模式之中（Tsui & Ho, 1997）。在開放的市場中，由於大部分的案主屬於服務的消耗者（consumer）而非付費者（bill payer），社會工作員並不對其負有直接的責任義務（Tsui & Cheung, 2000a）。第一線社會工作員是透過督導過程向其督導者負責，而督導者則要對機構的高層管理、執行長和理事成員提出報告。機構為案主尋求經費來源（例如政府），必須符合不同資助單

位的政策和程序的要求，對案主的責任義務是間接的，這當然不是理想的責信關係。另外，當愈來愈多的社會工作員進入私人執業，督導實務也將產生很大的變化。

善用職權、交換資訊與表達感受

督導的過程涉及職權的行使、資訊的交換以及感受的表達，也就是一再提到的督導的三個功能：行政、教育和支持。然而在督導這種具有多種目的的互動中，卻產生彼此衝突的需求。為了滿足這些需求，社會工作督導不能只是一種工作，還要是一種藝術。雖然社會工作督導這件事不容易教得來，卻不代表學不來。在眾多有效督導的原則、策略和技巧中，最根本的就是要人性化（human），這也是社會工作實務的根本原則與社會工作專業的信念核心。

從與香港四十位有經驗的督導者所進行的焦點團體資料中，作者整理出五個督導的指導方針。第一，督導者應該合乎倫理道德的要求，並願意對專業奉獻心力；第二，督導者應該有專業的和社會的責任感，也必須在社會工作價值與行政要求之間取得平衡；第三，督導者應對自己、被督導者以及案主具有正向的態度；第四，督導者應該要明事理，下判斷應具有邏輯性；第五，督導者應持續不斷學習，隨時更新知識與技巧，向高層管理尋求建議，獲取同僚的支持與意見交換，並且向外部專家請益。

社會工作督導反映個人與專業價值

社會工作督導是在兩個或更多的專業助人者之間密切的互動，督導者與被督導者的個人價值自然會影響督導過程及其結果。由於督導者與被督導者都是專業的社會工作人員，在接受專業訓練的社會化過程中為專業價值所薰陶，有義務在實務工作中維護專業價值，因此督導是個人價值與專業價值交互影響的動態過程。

監督工作表現、授予知識和技巧，以及提供情緒支持

　　雖然社會工作督導的對象是第一線社會工作員，但其終極目標是為了案主的利益。在第一章回顧社會工作督導這一百二十年的歷史發展中顯示，社會工作督導的根源在於行政責信，這樣的趨勢在二十世紀末受管理主義的影響而成為主流。在社會服務的機構中，社會工作督導也是對第一線社會工作員的在職訓練。另外，在督導過程中，督導者也提供被督導者情緒支持，以確保被督導者能有動機與士氣將工作做好；這種支持功能是社會工作督導不同於其他助人專業督導所獨有的。

長期目標與短期目標

　　一如 Kadushin 與 Harkness（2002）的觀察，社會工作督導的長期目標是提供案主有效果和有效率的服務，督導者因此必須協調社會工作員的活動，訓練社會工作員使其能有更好的技巧來履行職責，並且支持社會工作員致力於工作的完成。短期目標則希望能增進社會工作員的專業能力，提供好的工作環境，並且讓社會工作員工作愉快。

機構、督導者、被督導者與案主的連帶關係

　　Tsui 與 Ho（1997）曾經指出，在督導過程中所涉及的不只有督導者和被督導者，案主和機構也包含在內。在這四者的相互影響下所構成的督導關係中，案主扮演決定性的角色，督導主要是達成行政責信的間接方法。

　　Rich（1993）回顧所有的督導模式，包括社會工作、心理治療與臨床上的督導，指出六個主要特點：協同的環境、督導的關係、結構的因素、督導的技巧、學習經驗的提供以及督導的角色。Rich（1993）更進一步指出每一特點的不同要素，並做精簡的描述（見第二章），

對督導者和第一線社會工作員都是好用的實務指導方針。

　　Bruce 與 Austin（2000）分析了七本專論社會工作督導的教科書：《社會工作督導》（*Supervision in Social Work*）（Kadushin, 1992a）、《人群服務的督導管理》（*Supervisory Management for the Human Services*）（Austin, 1981）、《稱職的督導：有創造力的判斷》（*Competent Supervision: Making Imaginative Judgements*）（Middleman & Rhodes, 1985）、《督導與工作表現：在人群服務組織中管理專業工作》（*Supervision and Performance: Managing Professional Work in Human Service Organizations*）（Bunker & Wijnberg, 1988）、《互動性督導》（*Interactional Supervision*）（Shulman, 1993）、《人群服務的督導：實務的政治學》（*Supervising in the Human Services: The Politics of Practice*）（Holloway & Brager, 1989）、《臨床社會工作督導》（*Clinical Social Work Supervision*）（Munson, 1993）。Bruce 與 Austin（2000）根據 Kadushin（1992a）的社會工作督導的三個功能（支持、教育與行政）來分類其他六本書：Munson（1993）強調支持功能，Shulman（1993）強調支持與教育功能之間的劃分，Bunker 和 Wijnberg（1988）強調教育功能，Austin（1981）著重行政功能，Holloway 與 Brager（1989）的焦點在於行政與教育功能，而 Middleman 與 Rhodes（1985）所指出的督導的主要角色，可以說明督導在整合、服務輸送和連結等三方面的功能。督導者的整合功能涉及人性化督導過程、處理緊張狀況以及將想法化為行動；督導者的服務輸送功能包括訓練被督導者、使被督導者的執業歷程能符合專業社群之要求以及評估工作表現；督導者的連結功能包含讓工作符合服務目標、代表被督導者發聲、促進有益於提升服務品質的各種變革（Middleman & Rhodes, 1985）。

　　經過對現有督導模式的回顧之後，本書設計另一模式如圖 3.1。

圖 3.1 社會工作督導的整合模式

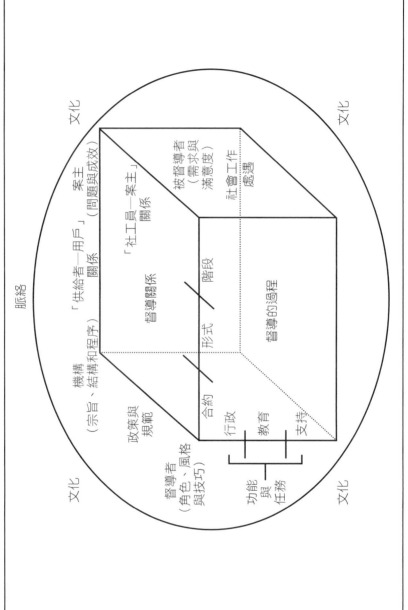

脈絡

文化

文化

文化

文化

機構
（宗旨、結構和程序）

「供給者—用戶」
關係

案主
（問題與成效）

「社工員—案主」
關係

督導關係

被督導者
（需求與
滿意度）

社會工作
處遇

督導的過程

形式

階段

政策與
規範

合約

行政

教育

支持

督導者
（角色、風格
與技巧）

功能
與
任務

督導關係

督導關係是社會工作督導的核心（Fox, 1983, 1989; Kaiser, 1997），遺憾的是，此核心被窄化為督導和被督導者的關係，而忽略其所處的脈絡。如此簡化的觀點嚴重侷限了討論的眼界和對主題的分析，例如它無法對社會工作督導根源於行政的事實提出任何說明，也忽略了社會工作實務終極的、也是最重要的目標——對案主的服務品質。對督導關係的這種侷限觀點也誘導研究者，使其格外重視督導者和被督導者之間的動力，並著重在相關議題的辯論上，例如討論不同督導功能的可相容性以及第一線社會工作員的專業自主性。為了對社會工作督導進行整全性的（holistic）討論，我們必須將社會工作督導概念化為在一文化脈絡中所建立起來的多面向關係，其中涉及機構、督導者、被督導者和案主等四方主要關係者（見圖3.1）。

機構、督導者、被督導者與案主

機構中的社會工作督導過程受機構組織的宗旨、結構、政策和程序，以及服務環境和組織風氣等因素之影響，所有這一切因素都與組織的工作環境有關（Glisson, 1985; Kast & Rosenzweig, 1985）。就機構的立場來看，督導是用以完成組織目標的工具，是在一特定的服務環境與組織結構內部，依照組織的政策與程序行事，而行事風格往往也代表某特定組織風氣的縮影。在督導者方面，督導者作為機構與被督導者之間的「中間人」（middle person），要負責協調與聯繫。督導者一方面是機構管理階層中的一員，是管理者，另一方面又往往是最資深的第一線社會工作員，因此盡責的督導者必須扮演多種不同的角色，必須遵循機構的政策和程序，並設法解釋給被督導者瞭解。在此過程中，督導者就必須讓政策和程序變得明確、具體與可行。同時，督導

者需要留意社會工作員的士氣和工作滿足感。在被督導者方面，他們
有自己的訓練背景、工作經驗、訓練需求和能力程度，這些受到文化
影響的變項都將會影響督導的形式與頻率。最後，關於案主他們覺知
和面對自己問題的方式，受其文化的影響相當大（Chau, 1995; Lee,
1996），文化也左右其尋求協助的方法與使用社會工作員所提供之資
源的態度，社會工作介入的結果，自然與「社會工作員─案主」這種
具文化意涵的關係密切相關。

機構與督導者

　　機構政策決定督導者的作為。某些服務組織具有完備的政策和責
信系統，要求督導者向高層管理報告服務輸送的進展和成果，而某些
組織可能沒有明文規定的指導方針，但無論如何督導者都扮演組織裡
的「中間人」，是機構與被督導者之間溝通的管道。督導者監督被督
導者的工作，是為了確保後者能符合機構的目標，同時後者也從前者
獲得指導，因此被督導者的行政責信是透過督導過程間接成立的。就
此而言，督導者是機構中主要的中間階層管理者。

督導過程：督導者與被督導者之間的互動

　　先前已經指出，傳統上對督導的研究重點放在督導的過程，此過
程奠基於督導者與被督導者之間的關係，構成此關係的要素有三：督
導的契約、選擇適當的督導形式以及發展的過程。督導的契約設定目
標、期待和任務，藉由建立一個雙方都同意的契約，督導者與被督導
者才能瞭解各自的權利和責任，對督導會議的期程與對工作所要求的
技巧有明確的瞭解。督導的契約還可作為對未來評估的計畫、合約和
標準。督導的形式取決於以下因素：機構所允許的專業自主程度、督
導者的作風與技巧，以及被督導者的需求與經驗，要再次強調的是，

這些因素都受文化影響。在督導過程中的不同階段,可以透過一些指標來評估督導關係和被督導者技巧的進展,這些指標讓督導者與被督導者有機會發展步驟清楚的行動指導方針,以改善工作成果(Tsui, 1998a)。

督導者與被督導者的關係也可以被視為由行政、專業與心理因素所交織構成的關係。在每一要素中,督導者都有一些必須履行的督導任務,也因此督導者必須同時承擔某些角色的責任,此互動過程涉及職權的行使、資訊的交換和情緒的表達。事實上這三種人際交流代表了督導的三個不同又有所重疊的主要功能:行政、教育和支持。

被督導者與案主

被督導者與案主之間的工作關係和專業助人關係,受專業倫理守則以及機構政策所規範。在工作關係中,被督導者會運用其專業知識和督導者的建議,以達到處遇的目標,而案主成果包括關係的改變、覺察力的提高或行為的改變,有效的案主成果當然是社會工作督導的終極目標。換言之,督導工作最終是為了案主,而不只是為了社會工作員。

案主與機構

案主與機構之間的關係可被視為服務用戶與服務提供者的關係。在社會工作領域中,除了接受私人執業的服務之外,大部分的服務用戶不必為其所得到的服務付費。案主不是自己付費購買服務的直接用戶,因為真正付費的是資金贊助者,如政府、社會大眾和民間團體,在服務使用者和服務付費者並非同一人的情況下,提供服務的機構也是接受資助的機構,對案主並不負有直接的責任,這樣的情況也常見於醫療照顧和相關的保險計畫等由第三方付費的福利措施中。儘管如此,案主還是有權力向贊助單位反應,對服務機構間接施壓。

以文化作為督導的脈絡

　　在傳統上，社會工作督導被認定是建制在組織中的間接社會工作實務（Austin, 1981; Hollyway & Brager, 1989; Miller, 1987; Munson, 1993），因此，組織就被當作督導工作的脈絡，過去以督導為主題的研究者，也將其研究焦點放在服務組織內部的督導者與被督導者關係，其觀察的重點就會在於：督導職權的行使、督導的契約、督導的角色和作風，以及督導的功能和任務。然而這種傳統觀點的有效性，只有在將督導的過程視為僅涉及督導者與被督導者二者，且此二者皆受僱於服務組織的情況下才能成立。一旦有人堅稱督導其實是涉及機構、督導者、被督導者和案主的相互影響過程時，機構就變成督導過程中不可或缺的組成部分（Holloway & Brager, 1989），而不再是社會工作督導的整個脈絡。假如我們接受社會工作督導是一個多面向的相互影響過程，我們就必須指出這些面向如何相互影響，說明這四者在組織環境中的動力關係。

　　社會工作督導作為使能的過程（enabling process），涉及機構、督導者、被督導者與案主之間的相互影響和交流，而且每一個都在同一特定的文化脈絡中有其各自的目標。在此四者關係的交織中，第一線社會工作員對督導者報告其專業介入的結果，督導者向機構的高層管理報告有關服務輸送的關鍵訊息，機構必須對案主有責信並回應其需求才能獲得服務社群的支持。舉凡案主的問題、問題的解決之道、被督導者的處遇方法、督導者的角色與作風，以及機構的組織目標和程序，都深受文化影響。

　　遺憾的是，討論文化容易，定義文化難。文化是抽象的概念，在不同的脈絡中，對不同的人而言，就會有不同的意義（Berry & Laponce, 1994; Ingold, 1994）。文化是由一群人共享的概念或心理的象徵系統，是約定俗成，也會在流傳中再生產，人類學家因此隨著時代調整其對

於文化的見解。因此,對於文化之正確意義的辯論總是未有結論(Ingold, 1994),除非將文化設定為一套明確的特徵,否則很難對其產生有意義的討論。

　　文化一詞最先是由Tylor(1871)用來指涉一個錯綜複雜的整體,其中包含知識、信念、藝術、道德、法律、風俗和社會成員所養成的種種能力和習慣。Kroeber與Kluckhohn(1952)曾做過全面性的調查,指出超過兩百種對於文化的正式定義,他們將這些定義分成六類:描述的(條列出文化特徵)、歷史的(強調文化遺產和承襲)、規範的(強調共有的規則)、心理的(強調調適和學習過程)、結構的(強調組織和架構)以及遺傳的(強調文化的起源),但沒有任何一個定義能被普遍接受(Berry & Laponce, 1994; Goodenough, 1996)。

　　也有其他學者試圖以四種類型來定義文化(Ingold, 1994; Jenks, 1993)。第一種類型,文化是心智的普遍狀態,與人類追求及達成個人目標或從束縛中解放的渴望有關,這類型定義反映出非常明顯的個人主義,強調特殊性、差異和盡善盡美;第二種類型,文化是具體化的集體範疇,與社會中的智識和道德發展相關,此類型定義的文化就等同於文明(civilization);第三種類型,文化是描述的和具體的範疇,以社會中集體呈現出來的藝術和智識成就為主體,人們在日常生活中脫口而出的「文化」常常指的就是這個;第四種類型,文化是社會的範疇,是一群人或一民族的整體生活方式,這種隱含著民主意義的文化多元主義,通常被用在社會學、人類學和文化研究中(Jenks, 1993)。

　　Greetz(1973)將文化定義為「在符號中具體呈現出的由歷史傳遞的意義」;對 LeVine(1984)而言,文化是:「某一社群及其溝通行動的意義中共有的觀念系統,其中包含智識、道德和美學標準,但對文化的正式定義很少釐清文化的本質,這只有透過民族誌(ethnography)才辦得到(LeVine, 1984, p. 67)」。

　　D'Andrade（1984）就不去定義文化是什麼，而是對文化的本質提出三個主要觀點。第一個觀點將文化概念視為由訊息累積而成的知識，根據此觀點，假如知識的分配是如此而讓照規矩來的「環環相扣的理解」（linking understandings）得到維繫，那麼這樣的文化雖可累積，卻不必然得以共享；第二個觀點是，文化所包含的多重概念結構創造一群人的主要真實，使這群人寓居於其所想像之世界（Greetz, 1973），根據此觀點，文化不僅可共享，而且還是互為主體的共享，這讓每個人以為其他人和自己有一樣的見解，文化的累積就如同某種語言的文法的累積，從其資訊實體的角度來看，文化的整體規模相當小，整個體系似乎緊密相關，卻不必然無矛盾之處；第三個觀點介於「文化是一種知識」和「文化是建構的真實」之間，它將文化和社會視為由社會制度（例如家庭、市場、農場、教會、村落等等）所建制而成的實體（D'Andrade, 1984）。

　　雖然文化難以定義，但易於區辨和指認，它是某特定社會群體的生活方式和觀看世界的方式。明顯的文化特徵可以被指認出來。在督導的脈絡裡，督導的四方關係無不受文化影響。社會工作督導是社會工作專業錯綜複雜的理論、專業價值和服務網絡所交織而成系統中的一部分，此系統位於某特殊的文化內部，因此督導是督導關係中相關人等文化的一部分，它必須被放在這樣的脈絡中來理解。例如機構的政策和目標，受機構高層管理的文化、資助者的文化、該社群的文化及該專業的文化所形塑而成；督導的角色、作風和技巧也深受個別督導者的文化所影響；被督導者的工作經驗、訓練需求與情緒需求背後都有其文化因素的作用；同樣的，案主如何理解、詮釋其困難，以及如何取得必要的協助解決困難，也脫離不了文化的影響（Chau, 1995; Lee, 1996; Peterson, 1991; Tsang & George, 1998）。督導中的這四方關係者都置身於文化中，文化因此成為督導的主要脈絡。例如在中國文化中，督導者、被督導者、機構和案主的行為，無不受到強調互惠性和

家庭網絡的文化或明或暗的影響。

　　雖然以上分析指出文化在督導中的影響，但文化作為督導的主要脈絡卻始終未能受到應有的重視，督導者和研究者都嚴重忽略其重要性，以致於相關的實證研究少之又少（Tsui, 1997b）。雖然近年來北美對於社會工作實務跨文化研究的文獻有顯著的增加（Chau, 1995; Kim, 1995; Lee, 1996; Peterson, 1991; Tsang and George, 1998），但如何在特定的文化或多種文化環境中進行督導的實證文獻卻付之闕如。

對社會工作督導的意涵

　　將督導者、被督導者、機構和案主視為督導關係中的四方關係者，有助於我們以更準確的方式來解釋這四者的行為。在督導的過程中，雖然被督導者要對案主負責，但並不是直接的責任，而是透過督導者和機構所產生的間接責信。也就是說，在社會工作員並非直接受雇於案主的情況下，某種督導的形式也許是必要的。

　　這樣的觀點也揭示為何督導在私人執業的情況下會有不同的樣貌。在私人執業中，案主自己付費購買服務，「服務提供者─顧客」（provider-customer）的直接服務責信於焉建立，透過督導者建立間接責信的需求也因此減少。當然，涉及各種保險計畫的第三方給付，可能弱化這種直接服務責信。

　　本章所提出的社會工作督導模式提供一個瞭解社會工作督導脈絡的全方位觀點（見圖 3.1）：文化才是主要的脈絡，而非組織。此外，社會工作督導的元素也在更寬廣的觀點中重新建構概念。在此模式中，有效的督導有賴於以下幾個因素：不同當事者之間的關係（機構、督導者、被督導者與案主）；督導過程的契約、形式和發展階段；各種督導功能之間的平衡；督導的樣貌與外部環境文化之間的關係。

　　此社會工作督導的新模式顯示出，過去對督導的研究自限於狹隘

的觀點：只聚焦在督導者與被督導者之間關係的督導過程。這不但窄化了我們的眼界，也讓我們對督導的討論只能侷限在此窄化的範圍中所嚴格設定的議題，同時，這不但對理論建構無太大助益，對於學者或實務工作者的行動指導方針也無法提供具有哲學思辨的洞見。現在應該是我們以更開闊、更睿智的觀點來實踐督導的時候了！

4

督導的種種脈絡

社會工作督導發生的脈絡與督導的環境有關，它包括物理的、人際的、文化的和心理的面向；徹底瞭解督導脈絡，有助於對督導工作更具有敏感度、更有效和更令人感到自在。物理的脈絡涉及督導發生的處所、座位的安排和處所的氛圍；人際的脈絡與督導者和被督導者之間的動力有關；文化脈絡指的是督導者與被督導者在其中生活與工作的社會價值與規範；最後，心理的脈絡與督導者和被督導者在督導過程中所表現出來的態度、情緒和心理狀態有關，這些表現是由其出身背景、過去經驗和人格交織形成的結果。

Eisikovitz 與其同僚（1985）曾經在以色列北部針對六十三位在公立社會服務機構工作的第一線社會工作員進行研究調查，他們使用了兩套測量方法：一套是評估工作環境與處遇環境，另一套則是評價專業督導的品質。研究結果發現，督導的變項（例如社會工作員的專業發展和督導者的行政技能）與工作環境變項（例如任務取向、獨立性和涉入程度）及處遇環境變項（例如自主性、自發性和規定的明確性）成正相關。根據這些發現，Eisikovitz 與其同僚（1985）建議督導者建立起一個有助於服務輸送有效性的工作脈絡，以及在機構政策與訓練計畫中整合督導的所有面向。

Scott（1965）也曾在美國的一個小城市針對所有服務於公部門機構的社會工作員進行研究調查，其中有九十位個案工作員寄回自行填答的問卷，有十一位督導者接受訪談。研究結果發現，雖然專業取向

者比非專業取向者對體制有更多的批判，但社會工作員普遍都還能接
受其組織中的督導脈絡，同時接受專業取向的督導者所督導的社會工
作員，比接受較不專業取向的督導者所督導的社會工作員，對於督導
體系有較少的批評（Scott, 1965）。該研究結果因此認為，專業的第一
線社會工作員對督導有比較高的期待，而專業的督導者所提供的督導
比較能帶給社會工作員較高的滿意度。

物理的脈絡

　　人類是社會性的動物，也像其他動物一樣，人類非常在乎他們所
擁有的空間及其所居住的界限。在社會工作督導方面，「位置」（loc-
ation）的社會意義比物理環境本身的意義更值得注意。其中一個理由
是，督導者（及其被督導者）將督導的關係視為一種在專業組織裡的
正式的「主雇」（employer and employee）關係，督導會議通常在督導
者的辦公室舉行，原因可能是習慣、方便或缺乏辦公空間，但這樣的
安排在某個程度上反映出督導者的態度（有時候也反映出被督導者的
態度）及其督導關係的性質。正如同某位第一線社會工作員的觀察，
在督導者的辦公室接受督導，提醒她是督導者之下屬職員的位置，對
專業處遇的討論沒有平等的立足點。督導者也注意到這種地位不平等
的狀態，根據一名青年中心的督導者所做的觀察：「我們有一間督導
室；我覺得自己像個督導。這種感覺如此強烈，以致於我覺得做一個
督導比較棒。」一位在留院重建網絡（resident rehabilitation network）
中工作的資深督導者述說他的感覺：「當我們在我的辦公室舉行督導
會議時，我是上司，但只要我們在團體室，我們就變得比較平等。」
　　事實上督導會議的物理環境真的會影響討論的氣氛，當督導會議
安排在會談室舉行，因為免於他人闖入與電話干擾，可保障隱私，也
比較能專注。然而置身於這樣的空間也會讓一些被督導者感覺自己像

個案主，如同一位家庭服務中心的個案工作員所說的：「當我和我的督導一起在會談室裡，她好像搖身一變成為個案工作員，而我就成了她的案主。她願意傾聽並協助我，而我也準備好接受幫助。」

有些督導者會提議到機構外面進行督導會議，也許是公園或咖啡館。很明顯的，在這種隨性的安排中，被督導者比較能表達自己的感覺，但一定得注意討論的保密性，以避免違反專業的倫理守則。第一線社會工作員比較喜歡這種隨性的環境，自在與開放的地點增加督導者與被督導者之間討論的輕鬆度，也讓他們能像專業上的同輩般談話。一位年輕的社會工作員曾經告訴我：「我們大部分都選擇在辦公室外面進行督導，可能在餐廳、公園或大學校園，同時也備有茶水點心，這種感覺很輕鬆，沒有人打擾、不用管公文，不需要牽掛工作，也比較能專注。此外，組長和我之間的關係好像也比較友好。因為在這種隨性輕鬆的氣氛中，他實在很難給出嚴厲的指導。」

雖然第一線社會工作員比較喜歡開放式的環境，但這並不意味著督導者就只能做這種安排，重要的是要掌握物理環境脈絡的多樣性。選擇在辦公室進行正式的指導或會報，雖然傳統但卻是適當的場所；當督導者對被督導者進行情緒支持，且被督導者有可能表達其個人感受時，會談室會是好的選擇；假如需要腦力激盪或創意，愈少拘束的自由空間可能比較能激發靈感。無論選擇在哪裡進行督導，都要考量環境的隱私性、保密性、方便性和舒適性。最重要的，當然是要選擇被督導者能接受的空間，這也是在選擇物理環境時要考量的基本原則：讓被督導者感到安全自在。

督導環境中座位的安排很重要，但卻常被忽略。被督導者是專業的社會工作員，而督導會議是被督導者與督導者直接對談的機會，會議本身的討論必須集中針對主題，但對督導者而言，督導會議往往只是例行公事的一部分，因為自己要照料的是整組的專業人員，因此督導者的敏感度比被督導者的低自然可以理解。然而滿檔的工作行程卻

不該成為督導者忽略掉一些督導安排該注意的細節的藉口，如座位安排的重要性就不可被低估。

　　一般而言有三種常見的座位安排方式。第一種是隔著一張辦公桌，面對面坐下來討論，這代表一種官僚體制中位階分明的最正式關係，這種情況下的討論自然與行政議題比較有關，例如處遇是否有效果、服務輸送是否有效率，以及其他服務數據報告和文書報告。這種座位安排讓督導者可以面對面、眼光直接接觸地指導被督導者，以及討論工作表現，無論被督導者喜歡或不喜歡，都必須有所回應，並對討論之議題負有解釋說明的義務，然而雙方可能會發現這樣的距離不容易分享彼此手中的文件或筆記，也難有身體上的接觸（除了會議開始前的握手之外的身體接觸）。這種安排不容易讓人有在一起的感覺，反而有可能讓被督導者感覺自己是被迫面對督導者，但除非這種感覺非常強烈或被督導者非常肯定，否則被督導者並不會自在地表達他們身處在這種環境下的感受。簡言之，面對面的座位安排只適合任務取向的、教導的和行政的簡報和報告，它迫使社會工作員不得不「面對」上司，也就是，面對現實。

　　第二種常見的座位安排是，被督導者坐在督導者旁邊呈九十度角的位置，這種坐法常見於輔導或醫療諮詢的臨床會面中。這種位置縮減督導者與被督導者之間身體的距離，使非語言性的線索變得更為可見，讓雙方較能表達自己的感受。然而這種臨床的座位安排可能會讓被督導者感覺自己像個案主，尤其有些督導者在督導會議時傾向扮演治療者的角色，更會讓被督導者感到不舒服，因為他們作為專業實務工作者的地位有被貶低之虞。此外在專業職場上討論個人的事情會有模糊個人生活與專業工作界線的可能，除非有被督導者的同意和請求，否則督導者不該對與被督導者個人生活相關的議題妄給建議，即便被督導者提出請求，督導者也應將被督導者視為同僚，並保持公私分明。督導者必須將個人議題的敏感性謹記在心，否則可能會威脅到社會工

作員的隱私和專業工作的機制。

　　第三種座位安排是督導者與被督導者肩並肩坐在一起在小辦公室裡，這種座位安排當然不容易辦得到，有時會使用團體室或會議室，如果真的在小辦公室裡，可以使用辦公室裡的沙發，讓督導雙方舒服自在地坐在一起。這種座位安排有個象徵性意義，也就是顯露督導者與被督導者之間的友情和平等，此時雙方身體的距離最近，不但可輕易看到彼此臉部的表情，也容易分享彼此手中的文件資料。促進彼此的信任，暢所欲言，必要的時候，也可以有適當的身體接觸。當然，身體的接觸必須合時宜（politically correct），也必須在文化可接受的範圍之內。雖然這種非正式的座位安排能有助於督導者與被督導者之間關係的建立、促進溝通與增進夥伴感，但不見得適用於每一種情境，例如當督導者被要求強制執行規訓的行動或顯示督導的職權時，就不適合做這種座位安排。

　　事實上在座位的安排並沒有適用於每一種督導情境的完美安排，最好要顧慮到督導的脈絡，並在執行督導會議之前，督導者與被督導者雙方要對座位的安排取得一致的意見，根據作者對督導實務的觀察，大部分的督導者會混合使用上述的座位安排。最重要的是，要確保雙方有被尊重和安全的感覺。

人際之間的脈絡

　　在社會工作處遇中，「關係」是最重要的媒介。督導作為社會工作的使能過程，嵌於督導者與被督導者的關係之中，而且雙方都有三個角色。第一，都是具有獨特人格的人；第二，都是社會工作者，具有專業的價值、知識和技巧；第三，都是受雇於相同服務組織的工作者（雖然經常位階不同）。

　　無論他們扮演什麼角色，督導者與被督導者以人類的方式互動，

彼此之間的關係正是影響其人際溝通的脈絡。此關係是互信和溝通的基礎，也是建立有效團隊的先決條件。要建立這種關係，督導者當然應該要學習真誠、溫暖、友善並且開放。最好的作法就是相信什麼說什麼，千萬要避免創造你根本不想做到的熱心助人的印象。做一個誠摯的人，做一個有人情味的社會工作員，就可以成為好的督導。建立督導關係，最好是從認識你的社會工作員，而不是從決定他們應該做什麼開始。

　　有三種可能的督導關係。第一，督導者視被督導者為組織中的下級職員，這種情境中的督導比較行政取向，以工作的指導與監督為焦點，一旦被督導者離開組織，這種正式的位階關係就自動終止；第二，督導者視被督導者為專業同僚，這種情況下的督導比較專業取向，強調促進社會工作的價值、知識與技巧的專業成長，這種同事關係也會比較持久，可能延續整個專業生涯；第三，督導者與被督導者視彼此為友誼關係，既是同事又是朋友，這種督導關係比較具支持性，彼此會在督導會議和日常相處中表達和分享對彼此的關切、感受和相互支持，這種關係也可能持續一輩子，甚至各自的家人也會成為好朋友，在作者的經驗中，許多社會工作督導者及第一線社會工作員在離開共同的職場後，仍維持長久的友誼關係。根據Atherton（1986）的觀察，督導是以案主利益為要務的工作活動，督導者與被督導者只要成功處理案主的相關事務，並無發展個人關係的必要性。但社會工作者也是人，個人關係自然會在日常的團隊工作中逐漸發展起來。作者認為釐清專業關係與個人關係的界限，要比假裝在督導關係中沒有個人關係來得重要，可以在組織中建立一些指導方針或一致的共識，以釐清督導關係的界限。

十個督導關係中常見的議題

　　Brown 和 Bourne（1996）指出督導關係中常見的十個議題，有助

於我們瞭解可能發生的問題。

第一個可能的問題情境發生在當一個新來的督導者接管已經建立好的團隊時,該督導者可能缺乏必要的信心與知識,並可能覺得要立即證明自己是稱職的。該督導者並不熟悉服務單位每天的例行工作和員工團隊的次文化,若在對整體脈絡缺乏全面瞭解的情況下急於展現督導者的職權,有可能在不知不覺中打擊員工士氣,妨礙團隊的發展,也可能引起第一線社會工作員的反彈。例如一位家庭服務中心新來的督導者,為了在新官上任的第一天確立自己的權威,於是要求所有員工將接待區的植物分別移至他處,第二天他來上班時被其中一株植物絆倒,但前一天並沒有任何人警告他這株植物擺放的地方不對,因為他們對他的頤指氣使感到不滿。

第二個問題是,督導者與被督導者可能會有複雜的個人和專業關係,例如從個人的友誼關係變成督導的工作關係,會有公私分明的困難,而一旦兩種關係混淆,就會產生角色之間的衝突(inter-role conflict),這種困難的解決之道有賴於督導者與被督導者雙方的智慧與經驗。方法之一是清楚設定雙方都同意的界限,又或者,服務組織可以建立一些指導方針,以協助員工區別這兩種關係。例如以不同的時段區分不同的關係:上班維持督導關係、下班之後恢復友誼,就像某位年輕的社會工作員曾經告訴我:「雖然我和我的督導是同班同學,但作為被督導者,我總是提醒自己,上班時她是我的督導,但在校友聯歡聚會時,她還是我的老同學。」

第三個議題的發生和性別與種族有關,督導者與被督導者如果有性別或種族的差異,就可能產生非常緊張的關係,因為彼此的傾向可能非常不同,需要時間、耐心和智慧來建立起相互的瞭解,尊重彼此的觀點才是明智之舉。社會工作督導如何處理性別和種族的相關議題,將會在第六章的跨性別與跨文化督導中有進一步的討論。

第四個議題是,督導者與被督導者之間存在著意識型態的衝突,

假如是政治信念的差異，辦公室可能成為政治論壇。由於年齡、社經地位和組織中的位置等差異，通常督導者會比第一線社會工作員保守，當然有時也會有例外。假如組織本身信奉特定的意識型態，就應該在招募員工時白紙黑字陳述清楚，並在試用期間詳細解說，假如組織沒有這樣做，員工自己最好要保持警覺，否則會在不知不覺中誤將組織或個人的意識型態影響下的個人行為當作專業行為，而督導的過程也可能變成沒完沒了的政治辯論，最後可能讓大家（包括督導者、被督導者、組織和案主）都遭殃。

第五個議題是被督導者所產生的移情。所謂的移情，是在現在的關係中無意識地重演過去的動力，也就是說被督導者在督導關係中不知不覺將督導者當作某人的替身，這種對督導者的情感反應將阻礙被督導者的專業發展，督導關係也會因為個人的複雜情緒而被扭曲。假如發生這種複雜的心理移情，最好立即提出，坦然以對。例如作者督導過一個社會工作員，她總是匆匆記下我對她說的每一件事，似乎不太相信我說的話，這讓我感到困擾。當我以友善的態度指出我對她的觀察與感受時，她告訴我她在其他組織中被先前的督導誤導的經驗，我才瞭解她的行為是因為過去不好的經驗而產生的自我保護。我告訴她可以跟其他社會工作員談談，看我是不是一個可靠的人。不久之後，她開始變得很有安全感，並且能接受我的意見。因此，一旦有心理移情的情況，必須要設法坦誠溝通，相互接受。

第六個議題是有關「督導者—被督導者」關係與「社會工作員—案主」關係的相似性，這是兩種相似卻不該被混為一談的關係。雖然社會工作實務的督導關係提供情緒的支持，但其關注的重點還是在於工作成果的監督和專業能力的發展。兩個責任與經驗不同的同事之間維持的是專業的關係，而社會工作員與案主之間所維繫的卻是助人的關係，假如對這兩種關係混淆不清，被督導者變成案主，那麼督導關係就變成治療關係。如此一來，第一線社會工作員就永遠無法有所成

長。

第七個議題是，如果在督導會議討論個人的事情，可能會模糊專業與個人之間的界限，要小心處理個人領域與專業領域有所重疊的地方。因此在督導會議中，即使督導者與被督導者的關係密切，也不建議討論個人議題，以避免督導者受與被督導者之私交所左右，甚至影響人事決策，造成不公平的事情發生。

第八個潛在的問題是督導者或被督導者的性傾向（sexual orientation），一個開放的社會應該接受不同的性傾向，因為性傾向無關乎工作表現。雖然對多樣性採取包容的政策與開放的態度有助於解決這種差異，但更重要的是，督導者要在這種脈絡中保持敏感度。在某些文化中，性傾向的問題被視為禁忌，甚至無法被討論，即使是在開放的社會中，也還是需要小心處理的政治議題。性傾向對服務輸送、案主對組織的看法，以及督導關係都會有所影響。

第九個議題是被督導者不願在督導會議中說出他們的困難，有時候這又稱為「沒問題督導」（no problem supervision）。事實上，這種督導關係反映出被督導者缺乏自信，以及督導者與被督導者之間缺乏互信。在督導會議中，被督導者往往只以「一切都好」帶過，避免進一步的討論，而無法對問題和可能的解決之道進行真誠的討論，這樣的督導就沒有什麼意義。在這種情況中，督導應該扮演角色榜樣，與被督導者分享自己在工作上的相關困難，這種坦承以對的態度也許能對被督導者產生鼓勵作用，使其願意以同樣坦白的態度回應督導者。但督導者應該要瞭解，在被督導者建立起信心並且能在督導會議上自在地表達自己真實的感受之前，可能要花些時間等待。

最後，是當被督導者的行為不符合專業標準時的問題，督導者在這種情況下被迫要做棘手的決定並採取規訓的行動，而能否有智慧地行使職權並找出可能的替代選擇，才是關鍵。

大部分的社會工作員都受雇於組織，而由組織的宗旨、結構、程

序和文化所組成的組織脈絡，也就成為社會工作員專業實務的工作環境。組織的宗旨指的是組織的服務展望、使命和目標；特定的組織結構會決定組織如何分配工作量、整合結果，並促使工作成員對不同的相關當事人負起應有的責任；組織的程序包括管理決策、目標達成及資源分配的方式；組織的文化反映組織的價值、習慣、行為模式和氣氛。一個組織的所有特性都會影響社會工作督導的方式和結構，督導為了有所發展或存在，就必須符合組織特性。特定的督導方式適合特定的服務環境，臨床中的督導與團隊服務輸送中的督導就有很大的差異（Erera & Lazar, 1994a），醫務社會工作的社會工作督導就經常以個案與任務為取向。然而社會工作督導在小的社區工作團隊中就不是那麼系統化，因為社區工作的性質比較擴散和獨立（Kadushin & Harkness, 2002）。

文化的脈絡

　　社會工作督導的操作是在三個有所重疊的領域中進行。最內圈是督導者與被督導者之間的關係，第二圈是組織的脈絡，最外圈則是督導者與被督導者所置身的特定處境文化脈絡。正如稍早之前所指出的，社會工作督導涉及四方關係者：被督導者、督導者、機構和案主，全部都是社會中的成員。文化是抽象的概念，此概念的基礎是那些影響社會成員之行為的指導方針，是社會行動的產物，也是引導生活於某特定脈絡中人們未來行動的過程。文化會決定社會成員如何觀看世界、決策、表現自己和評價他人行為的方式（Goodenough, 1961, 1996），文化也可以被定義為存在於人類生活的表達中，由共有的想法、概念、規則和意義所組成的系統（Keesing, 1981）。

　　社會工作督導是錯綜複雜的理論與專業價值系統中的一部分，它涉及在特定文化中的服務網絡，而文化會影響社會工作督導過程中所

牽涉到的四方關係者，因此社會工作督導必須被放在特定的文化脈絡中予以瞭解，任何督導模式都是其所賴以形成之文化脈絡的產物，這可以用來說明為什麼督導者總是那麼難以管理具有不同文化背景的工作成員，也讓性別差異、社會階級或教育背景所導致的督導關係的困難，變得可以理解。

心理的脈絡

從來就沒有文獻或研究者討論過社會工作督導的心理脈絡，然而督導者與被督導者覺知督導過程的方式，對督導過程及其結果有很大的影響。這些覺知不見得是理性思考的結果，有可能是根據個人一直以來的印象、實務經驗中獲得的想法，或根據從內部或外部環境中所產生的感受而形成。年輕的督導者經常將被督導者當作實習學生般對待，有些督導者（也有些被督導者）將密切的督導視為針對不稱職員工的監督，被督導者會因為職場中的高失業率，而在督導會議中感到侷促不安。無論督導者與被督導者的觀點如何，督導將讓它們變得相像，這是因為督導的實務是在心理狀態的脈絡中進行，因此雙方都應該試著讓督導過程成為令人愉快的經驗，好讓學習與信任關係的發展成為可能。

Kaiser（1997）指出，督導關係中最重要的元素是「分享的意義」（shared meaning），其所指的是督導者與被督導者之間的相互瞭解和協定，共有的意義愈多，督導就愈有效。為了減少歧異和發展共有的意義，需要有清楚的溝通。以跨性別或跨文化的督導為例，在特徵、規範和詮釋的角度上都有很多的差異，以致於難以建立共有的意義。一份說明清楚的督導契約可能有助於確立分享的意義，然而督導者與被督導者雙方的態度也是重要的。例如就必要的預算刪減而論，即使有說明清楚的正式督導契約，也不太可能在員工之間取得真正的共識，

員工可能在不完全贊同的情況下接受某些意見，介入的辦法就是分享意義的精髓，因為督導的終極目標是要有效果且有效率地服務案主。根據 Kaiser（1997），督導者與被督導者主要可以從四個方面獲得共有的意義：處遇的方法、人們改變的方式、實務工作者的角色，以及對健康行為的定義。

在督導的心理脈絡中，信任是最重要的元素，它包含尊重和安全感（Kadushin & Harkness, 2002; Kaiser, 1997; Munson, 2002; Shulman, 1993）。一如 Kaiser 所觀察，尊重可被解釋成督導者對被督導者之重視，而安全感則是指被督導者不會因為害怕督導者的批評而不敢冒險嘗試表達不同的想法或作法。Loganbill、Hardy 和 Delworth（1982）曾指出，在督導中常見的兩難是促進成長和維持責信之間的衝突。發揮促進成長的功能，需要督導者與被督導者之間建立起信任的關係，然而這種信任卻可能因為必須對高層管理或捐款機構負責而受到威脅，有些督導者與被督導者可能掩蓋錯誤，而不對他們共同的督導者提及這些狀況。

督導的整全脈絡

我們可以而且應該從整全的觀點來看待社會工作督導，它的實務操作正是在多面向的脈絡中進行，這樣一個密集的、互動的和人際的過程，所涉及的是對機構和案主負有責信的專業雙方。若從大的觀點來看，物理的、人際的、文化的和心理的脈絡，都將對社會工作督導的形式、結構、內容、甚至是結果產生很大的影響，這是為什麼督導者和被督導者雙方都應該具有脈絡敏感度、真誠和保持愉快心情的原因。成功的督導會議，則有賴於身體的自在感、關係的和諧、組織的配合、心理的幸福感和文化的敏感度。

5

督導的行政功能

多數的社會工作員在官僚體系的環境中工作，根據Kadushin和Har-
kness（2002）的觀點，官僚制度有六個特點：第一，它仰賴將
功能與任務專門化的高度勞力分工；第二，它創造職權的層級制度；
第三，工作成員根據其職位行使職權；第四，組織根據其目標及其所
設定之資格來徵才、選才，並決定誰適合什麼位置；第五，所有工作
成員有必須遵守的共同規則和程序；最後，所有的組織活動都要被謹
慎且合理地規劃，以達成組織目標。

在社會服務組織中，督導者通常是最資深的第一線工作人員，同
時也是最資淺的管理人員。督導者要體驗三種約束（Perlmutter, 1990）。
第一種約束是來自於專業本身，來自於他們作為社會工作成員的專業
地位（Johnson, 1972; Yan & Tsui, 2003），他們不能敗壞那些在專業倫
理守則中明確陳述的有關社會工作專業的價值、知識和技巧；第二種
約束是來自於組織，來自組織的目標、結構與管理高層及其行政部門
的期待；第三種約束是由種族、性別、年齡、人格、時間管理、從第
一線轉為管理階層及可能耗竭等因素所造成的結果（Perlmutter, 1990）。
所有這些約束會為督導者帶來壓力，也可能使督導者的工作變得複雜
而困難。雖然督導者屬於管理階層的一員，但在組織中卻常處於邊緣
的位置。儘管身為某個團隊的領導者，督導者仍然感覺孤單，因為他
們無法積極參與第一線的服務工作；即使有權監督和影響第一線社會
工作員，他們仍然沒有安全感。

　　Melichercik（1984）針對督導者進行一項深度的研究調查，他以日誌作為其蒐集資料的方法，以非隨機的抽樣方式，從加拿大安大略省（Ontario）的十二個社會福利機構中選出八十五名社會工作督導者，請他們持續記錄自己的日常活動為期一週。此研究為安大略省的社會工作督導提供了清楚的圖像，督導者將大部分的時間花在履行計畫管理的行政責任上，教育活動也占據督導者很多的工作時間。教育活動可以分成兩種：第一種是教導員工如何處理程序、政策、指導方針和標準的問題；第二種則聚焦在員工的發展和技能的提升。儘管該研究報告有其重要性，它給出了有關社會工作督導的清楚圖像，但卻未提供督導的操作指南。

　　Poertner 與 Rapp（1983）以任務分析（task analysis）來建構對社會工作督導日常活動的描述，他們邀請美國伊利諾州（Illinois）一家大型兒童福利機構中的所有社會工作督導（N＝120）、三分之一的被督導者（N＝227）和二十二個指導實習生的督導者，為一份表單上所列的任務排定重要性，研究結果指出，督導的主要功能是行政功能，包括員工、個案量與組織等方面的管理。Greenspan 與其同事（1991）以隨機抽樣的方式，針對一百九十八名被督導者進行研究調查，他們都是有經驗的社會工作員，結果發現儘管他們已經有經驗，但仍受到大量的督導，有經驗的實務工作者想要持續接受臨床督導，但很多人覺得督導的品質並不穩定。因此研究者建議，在社會工作實務的專業分工中，應該設有專門的進階督導（advanced supervision）。

　　在社會服務組織中，社會工作員被要求拿出工作績效、履行管理上所要求的職責並滿足各種相關當事人的期待。要發揮這三個功能，端視督導者是否被賦予其應有的職權。

考核工作績效

社會工作督導的主要目標是監督第一線社會工作員的工作績效，但因為很多看法上的衝突，要對工作績效取得清楚的瞭解是困難的（Landy & Farr, 1990; Leiren, 1990; Ritchie, 1992）。這些有所衝突的看法來自於特定的相關當事人（例如機構、社會工作員、案主和政府），他們有不同的期待、關注目標和要求。此外，研究學者所提供的定義包羅萬象，他們從不同的觀點強調不同的特色，結果讓清楚定義工作績效這件事變得非常困難。

考核工作績效是對工作者在某特定期間內履行職務的狀況進行評價，是與工作有關且有時間限制的一個活動，重點在於工作完成的品質（Kadushin & Harkness, 2002）。評價工作績效對於社會工作員、機構、督導者和案主，有各自不同的功用。對社會工作員來說，考核是對其所完成的工作狀況進行測量，測量結果可作為其未來專業成長的重要參考；對直屬的督導者來說，考核是一個檢視社會工作員到底做了什麼的寶貴機會，是規劃員工發展計畫和進行任務分派的最重要資訊來源；對機構而言，考核是監督服務輸出及其品質的重要機制，以此確保機構對服務社群應有的責信；對案主而言，考核是管控專業社會工作員的間接機制，以護衛案主的權益。

然而要考核工作績效，說比做容易，因為這過程至少在六個方面是容易有疏漏的（Kadushin & Harkness, 2002）。第一，月暈效應（halo effect）的產生，特別突出的方面讓其他方面相形失色；第二，仁慈效應（leniency effect），督導者縱容不好的工作表現而不予以明白指出；第三，中心傾向（central tendency），使督導者易於將工作者各方面的工作表現平均化；第四，新近效應（recency effect），使督導者傾向於注重近期的工作表現，只因記憶猶新；第五，相對誤差（contrast error），這會發生在當督導者不以絕對標準，而是以某人的工作表現作為另一人的工作表現之比較基準時；第六，負面效應（negativity effect），也就是督導者總是比較注意負面的而忽略正面的工作表現。

標準化的工作績效

從服務性組織的觀點來看，工作績效可以根據客觀標準來衡量，它是可以量化也可以比較的成就。一般而言，服務性組織以工作成果的品質、數量和時效性來評估員工的工作績效（Bernardin, 1984）。根據某項標準來衡量工作績效，組織才能在進行相關的人事決策時有評價的依據（Cummings & Schwartz, 1973; Landy & Farr, 1990）。根據這種對工作績效的看法，工作是一組有目的導向的任務。將工作績效標準化的主要目的是為了確保員工符合其雇主（也就是服務組織）的期待，然而工作績效作為員工完成組織所要求之不同功能的能力指標（Henderson, 1984），不必然能衡量員工實現其專業使命的能力。這種目標的抽替，使得考核工作績效只會鼓勵第一線社會工作員聚焦在工作的完成，而不是追求更大的專業目標。工作變成只是為了達到目的的手段。

從工作績效來看工作人員的作為與人格

有人主張，從工作績效也可以看出員工的作為（Henderson, 1984; Leiren, 1990）。有些督導者相信，從員工的人格特質可以預測他們在工作上的作為，然而這樣的觀點不必然成立。決定社會工作員作為的因素包括：個人的、專業的、組織的和環境的因素，此外，不同的相關當事人（機構、案主、政府和專業）所做的不同要求也會影響社會工作員的作為，有時候這些要求還會相互排斥。當工作績效被視為一個人的人格作為時，有時候就會出現如「是這個員工造成的」（what has been done by the staff）之類的成見（Campbell, McHenry, & Wise,

1990）。然而並不是每一件事的結果都是由工作者（特別是第一線社會工作員）所造成，例如不允許督導者親自觀察處遇過程，可能是案主的意思。助人者執行工作的長期效應並不會立即可見，此外某些服務工作，如輔導和青少年外展工作，往往超出督導者的觀察範圍之外。

從工作過程來看績效

工作績效也可以從工作過程中來看（Leiren, 1990），這種情況下的焦點在於第一線社會工作員如何完成工作。過程指的是導致最後結果的那些行動（Goodman & Fichman, 1983），從這些行動中可以看出第一線社會工作員的價值、知識和技巧。根據這樣的觀點，「如何」給比給「什麼」來得更重要。第一線社會工作員與案主之間的關係是決定工作績效的重要因素，因此考核不該侷限在最後的結果，還要考慮在處遇過程中的不同階段到底發生了什麼事。這種對於過程的強調，特別適用於社會工作員，因為他們的工作性質讓他們無法完全控制其服務的結果，不像製造產業，還可以比較容易掌握他們最後生產出來的產品。

工作績效是社會建構的結果

簡言之，對工作績效的看法因人而異。工作績效可以在工作完成之後立即決定（假如工作績效的衡量是根據某標準來認定的話），或者，可以從處遇的不同階段來衡量（假如將工作績效視為過程的話），而如果以社會工作員的作為來衡量工作績效，就應該考慮工作者過去與現在的種種作為。工作績效的完整定義必須考慮三個主要因素：員工的績效、組織的績效和服務的品質（見圖 5.1）。

圖 5.1

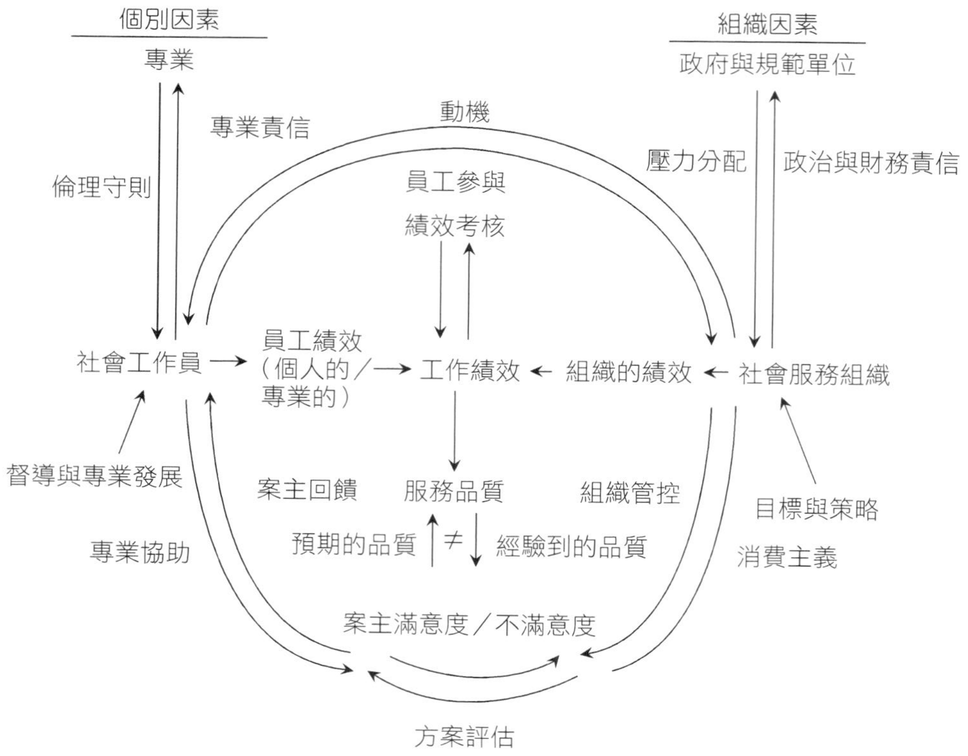

個別因素
專業
　倫理守則

組織因素
政府與規範單位
　政治與財務責信

專業責信

壓力分配

動機
員工參與
績效考核

社會服務組織

目標與策略
消費主義

組織管控

員工績效
（個人的／
專業的）

工作績效 → 組織的績效

案主回饋

服務品質

經驗到的品質

社會工作員

督導與專業發展

專業協助

預期的品質

案主滿意度／不滿意度

方案評估

　　在一個服務性的組織中，員工績效的評價標準會根據資金贊助單位的要求來設定，而服務品質指的是服務輸送的過程。上述這三個主要因素中的每一個，都還受到其它特定因素的影響：服務組織的期待影響組織的績效；社會工作員個人的和專業的品質決定員工績效；而案主的需求則影響服務的類型和品質。每項因素之間都有著彼此的動力關係，導致資訊、權力、時間、金錢和人員的交流，這三個因素的互相影響，為社會工作員提供一種過程模式（process model）。

員工績效

　　員工績效指的是社會工作員在個人和專業方面的表現。個人方面的表現是個別員工個人品質的實現，包括遺傳的特質和天賦，以及透過後天培養逐漸灌輸的特質；專業的表現指的是專業價值、知識和技巧的運用，而要具備這些價值、知識和技巧，必須透過訓練計畫並且在專業實務中實際操作。個人的表現和專業的表現促成社會工作員的整體績效，在考核的時候，個人特質和專業技巧一樣，都會被列入評估。

　　各方的相關當事人對社會工作員的個人表現和專業表現可能提出不同的要求，就個人而言，社會工作員有自己的信念、善惡觀念和生活目標，有時候在某種程度上，他們會在工作上追求自己個人的目標，這種內在對自己的責任會影響其決策和行動。我們不應該低估這種個人理想的信奉，督導者應該要認識到工作人員的生活目標，使其能與專業目標並行不悖。假如督導者希望激勵員工達到高度的工作績效，就必須讓員工有機會實現他們自己對於工作的理想。

　　就定義而言，社會工作員作為專業的助人者，也就是專業的成員，他們必須根據專業協會的期待來實踐社會工作，其專業作為必須受到倫理守則的規範。倫理守則對專業價值的概括說明，反映出社會的價值及該專業的關注所在。通常會印製專業的倫理守則，並且分送給該

專業的每位成員，該專業協會要監督其成員，以確保成員確實遵循守則的規定。這個監督實體擁有非常大的職權，可以讓違反倫理守則的成員喪失其執業的權利。這種「對專業的管控」（professional control），確保社會工作員對專業協會負起某種程度的責任義務。

服務品質

對多數的督導者而言，督導的主要目的是：根據服務方向提供建議，確保任務之妥善執行，以保證服務品質。督導者在對被督導者進行評價時，要考慮的不僅是最後產出的結果，還有過程本身，對過程的監督可藉由閱讀個案記錄和計畫進展報告來進行，此監督機制的目標在於履行機構和資金贊助者的行政要求。假如在此服務的運作中有問題，督導者必須與被督導者一起設法改善服務的狀況。

Choy 先生是一位有經驗的督導者，服務於留院重建部門，他說：「督導者在確保服務順暢進行方面，要扮演領導者的角色。當你發現有什麼事不對勁，或當社會工作員在工作過程中有困難時，你必須跟他們討論，透過督導來瞭解社會工作員的觀點是重要的。一起想想：這樣可行嗎？怎麼做？有誰願意這樣做？」

Wong 先生是某輔導中心的負責人，他說：「督導的主要目標是設法確保社會工作員的作為符合中心的目標，包括計畫和技巧。」

就某種意義而言，督導是確保服務輸出與服務品質的機制，督導者應該協助工作人員瞭解社會大眾對責信的要求，特別是對服務使用者。為了改善服務，督導者應該傳授實務工作的技巧，督導不純粹只

是發揮行政功能，正如同某位督導者的意見：「督導者是一個支持者、輔導者和教育者。」

社會工作員必須提供案主專業的建議和協助，假如提供的建議和協助符合要求，而且其它因素也獲得控制的話，那麼就很可能會有好的服務品質。即使社會工作員與案主之間的權力關係並非完全平等，案主也可能對社會工作員有所回饋，不論回饋是正面還是負面，直接或是間接，明說或是暗示，諸如此類的回應對於社會工作員的個人表現和專業表現都會有所影響。專業的協助與案主的回饋是社會工作員與案主之間的交流，這種交流也意味著員工績效與服務品質之間存在著動力關係。

多數的社會工作員並非私人執業，而是受雇於政府的或非政府的（nongovernmental）服務性組織。由於工作表現會被定期考核，這種行政監督會迫使社會工作員顧慮督導者的期待，在這種情況下，社會工作員不只要注意提供給案主的服務品質，還要在意督導者的想法。此外，社會工作員還必須顧及組織的績效（例如資源的獲取和成本效益），因為他們的生涯前途取決於績效考核的結果，服務組織的管理高層就是根據這些考核來進行決策，這些關乎升遷、降職、轉任或推薦的決策，對社會工作員的職業生涯有著巨大的影響；這種行政責信有時會比專業責信帶來更大的衝擊。

Harkness 和 Hensley（1991）曾經與一名督導者、四位社會工作員以及一百六十一名案主進行一項實驗，以支持他們所主張的「對督導的研究應該聚焦於案主成效」。該實驗從督導與實務兩方面評估助人技巧和關係對於案主成效的影響，實驗中的這位督導者針對兩名男性和兩名女性社會工作員進行為期十六週的督導。前八週使用混合焦點（mixed-focused）的督導方式，強調行政、訓練和臨床諮詢，後八週則提供以案主為焦點（client-focused）的督導方式，強調社會工作員的處遇和案主成效。將這兩種督導方式根據它們對於案主滿意度與普遍

的滿意度來做比較時，結果指出以案主為焦點的督導在案主滿意度；目標、接受的協助，以及社會工作員—案主關係的達成上，比混合焦點的督導要來得更為有效。Harkness（1995）複製上述一九九一年的這個研究，以四位社區健康中心的社會工作員（兩男兩女）和一百六十一名案主為對象，該研究檢視技巧和督導關係對於督導實務的影響，是對 Shulman（1993）的互動助人理論（interactional helping theory）的檢驗。研究結果發現，藉由計算案主所評分的「社會工作員—案主」關係、社會工作員的助益度、目標達成度和普遍的滿意度之間的六個相關係數證明，Shulman 先前預測實務上的技巧、關係和結果之間的關聯是成立的。Harkness 的這項研究指出，督導技巧和督導關係對於案主成效有顯著的影響。

組織的績效

　　Patti（1985）從效率、資源的取得、員工的滿意度和員工的參與，以及服務的效果等角度來定義組織的績效，前三者屬於管理效能的面向，最後一項（服務效果）指的是服務目標的達成程度，這經常取決於案主。正如同 Patti（1988）所指出的，決定服務效果所要考量的包括組織的制度、服務的品質及案主的滿意度。然而主要的議題並不在於決定組織績效的要素，而是要建立評估組織績效的方法。一如 Reid（1988）的陳述：「無論作法如何，效果的評估都得回歸人的判斷（p. 45）。」

　　多數的服務性組織仰賴政府的經費維持運作，政府作為資金贊助和規範的機構，掌控財務分配的權力，但政府並非唯一影響服務性組織的組織績效的一方，案主也會要求令人滿意的服務品質。透過服務消費者的運動，案主的要求獲得表達，被充權的案主組織成服務消費者團體，為自己的訴求發聲。透過不同的政治管道（例如向政治人物

遊說或參與選舉），案主向對於服務性組織具有規範力的機構施壓，間接影響服務性組織。當然也有服務性組織真的對個別案主進行某種程度的控制，以致於案主必須容忍由組織所設定的規則，而那些不準備屈服的人可能會發現，如此一來，將危及甚至喪失其接受協助的權益。

服務性組織也必須對員工的回饋有所回應，特別是那些員工參與程度高或員工與工會交流頻繁的組織。員工會運用兩種方式發揮其影響力：員工自己組織起來採取集體行動，或者個別的員工，以被動的抗拒來表示對政策的抵制（例如對工作採取消極的態度或不再那麼投入）。

來自各方不同的要求之間的衝突，使得服務性組織的運作複雜化，不同的利益當事者對組織的目標有不同的想法，這些想法的背後有著不同的考量（Reid, 1988）。以 Reid（1988）所指出的現象為例，假如兩種服務有相同的效果，政府或基金會等規範機構往往會採用花費較少的那一種，這是因為很難從效果的角度來證明某一種服務優於另一種，成本考量就成為最容易的選擇。

案主最關切的是能否獲得最高品質的服務。服務的品質並不單獨存在，它受工作績效影響（Osborne, 1992）。一如 Patti（1988）的觀察，服務品質包括可近性（accessibility）、時效性（timeliness）、一致性（consistency）、人性（humane treatment），以及技術的熟練度（technical proficiency）。

原則上，服務的品質應該就是工作達成的績效，是服務性組織努力之後的結果，也是社會工作員的使命。案主對於服務品質經常有期待，但可能事與願違。假如經驗到的服務品質比原先所期待的更好，案主意外感到滿意，會有正面的反應，但假如相反，案主會因失望而產生負面反應。被充權的案主會期待更高的服務品質，也更不容易被滿足。

作為經理人的督導者

　　Kadushin 與 Harkness（2002）堅稱，社會工作督導必須履行十一種行政功能。前八種功能與人力資源管理的階段有關，包括員工招募與甄選；工作引導；工作規劃；工作指派；工作授權；監督、檢討及評價工作；工作協調，以及溝通。其他三種功能則與督導者的管理角色有關：作為倡導者，督導者必須為員工爭取權益；作為行政主管，督導者必須扮演管理高層與第一線社會工作員的緩衝器；最後，督導者應該扮演促進機構政策和服務社群整體環境改變的角色。

　　Munson（2002）指出，根據 Sennett（1980）對職權的研究，假如督導者不是某領域的專家，就絕對不要試圖指導該領域的工作者應該如何工作，這證實了 Kadushin 在美國的發現，被督導者並不介意督導者行使行政職權，但他們不喜歡被缺乏專業知識的督導者指導。目前為止，社會工作方面的文獻還很少注意到有關職權的議題（Munson, 1976, 2002; Tusi, 2001）。

　　社會工作員必須在不同層面對不同的相關當事者負起不同的責任義務。在服務責信的層面，社會工作員必須滿足案主的需求，協助解決他們的困難；作為社會工作專業的成員，社會工作員對專業負有相對的責任和義務，必須遵守由社會工作專業社群所設定的倫理守則和規範；在服務性組織的官僚體制中，社會工作員對資金來源（政府和其他捐款者）負有財務上的責信，也必須遵守組織的目標、政策和規則，在行政上要對理事會（主要是由該社群中的志願工作者所組成）負責；最後，社會工作員在政治上也要面對不同的壓力團體。在以上的狀況中，督導者要扮演中介調停的角色，確認社會工作員瞭解並承認這些責任義務，並避免社會工作員受到剝削。

　　除了以上所說明的這些責信範圍，還有一種內部的責信：社會工作員對彼此的責任和義務。第一線社會工作員在工作上必須對資深的

社會工作員負責，而資深社會工作員則必須協助資淺的社會工作員瞭解並符合行政政策、人事管理、資源使用、服務政策的標準與規範。為了履行職責，督導者必須公平、前後一致、通情達理，以及有變通性。

從第一線社會工作員擢升為督導者

　　Austin（1981）建議，新的督導者必須問自己幾個問題：我為何成為督導者？為何之前的同事現在對待我的態度大不相同？為何我會感覺自己夾在社會工作員與管理高層之間左右為難？我要如何用我過去協助案主時所學到的技巧，在新的工作上協助社會工作員？Austin（1981）還建議，新任督導者必須學新的方法，以因應諸如職權的行使、決策的風格、專業關係取向、成果評估取向和同僚關係取向的轉變。

可行使職權的轉變：從專業的職權到組織的職權

　　作為第一線的工作者，社會工作員的職權來自於其稱職的能力、知識和技巧，理想上，督導者之所以成為督導，就是必須具備這樣的基礎與條件，並以此來提升被督導者的專業影響力。由 Kadushin（1992b）所執行的一項國家調查也支持這樣的觀點，調查中的被督導者說，他們最尊敬那些以實際行動證明自己有能力和技巧解決問題的督導者，但可惜的是，並非每一位督導者都擁有充分的專業知識和技巧，在這種情況下，督導者通常只是在維護管理高層所賦予的權力。Kadushin（1992b）發現，被督導者容易接受督導者的行政職權，但假如督導仗著行政職權而非專業知識來教導第一線社會工作員，那就太不智了，第一線社會工作員不喜歡不懂裝懂還好為人師的行政主管。由於督導的職權是如此敏感、艱難和微妙的議題，以致於許多新上任的督導者都避免行使職權，即使真有必要如此做，也是能免則免，他們知道，有效的社會工作團隊有賴於團隊成員之間的和諧。

決策作法的轉變：從追求最佳的到可以接受的決策

　　督導者的決策作法和第一線社會工作員非常不同。第一線社會工作員的使命是要為案主的困難找到最佳的解決之道，這是被社會工作專業和社群所尊重和支持的使命，但督導者作為管理者，必須在有限的時間裡和組織的要求下做出可以接受的決策（Perlmutter, 1990）。第一線社會工作員根據有關案主處境的資訊進行決策，相形之下，督導者必須在有限的選項中做出選擇，也被要求在短時間內回答「是」或「不是」，以及「有多種選擇」的問題。

關係取向的轉變：從助人關係到監督關係

　　督導者的關係取向也不同於第一線社會工作員。建立關係是社會工作專業的核心，在與第一線社會工作員的會談中，案主被鼓勵透露私事並表達真實的感受，然而督導者與被督導者之間的關係較不那麼具有治療性與支持性（Austin, 1981）。當然督導者應該瞭解第一線社會工作員的優勢與弱點，但這樣的瞭解也許會被用在專業發展或甚至是績效考核上，這會讓被督導者遲疑該不該向其督導者表達真實的感受。

成效取向的轉變：從服務效果到成本效益

　　第一線社會工作員被訓練來提供給案主有效的服務，以達到處遇的目標，他們從有效與否的觀點來判斷是否達到處遇的目標，至於達到這些目標所需要的資源，並不是他們主要關切的事情，他們聚焦在案主身上，包括技能的獲得、處遇過程中所表達的感受以及肯定案主努力的重要性，但這些效應並不容易觀察和測量得到；督導者則要對大眾和捐款者負責，必須以可接受的成本創造出有具體成效的結果，因此，成本效益（效率的測量是根據服務輸出與資源輸入的比率來計算）就成為主要焦點，而非服務效果；這是督導者與第一線社會工作

員之間衝突不斷的根源。

同僚關係的轉變：從同一階層到有層級之別

　　第一線社會工作員之間的同僚關係是最理想的，然而一旦某位第一線社會工作員升遷為督導者，原本同一層級的水平關係就被有層級之別的科層關係所取代，非正式的、支持性的和融洽的關係，也被正式的、行政的和通常是疏離的關係所取代。結果，新上任的督導者通常會發現自己因失去同僚的支持與非正式的溝通而受苦。許多督導者抱怨說，他們感到孤單，有苦難言：作為中階的管理者，他們無法與管理高層暢所欲言；作為經理人，他們遠離案主；作為督導者，他們就只能與部下談公事。

6

督導的教育與支持功能

本章將聚焦在督導的教育與支持功能,雖然對於組織管理高層及專業社群的責信而言,這兩個功能並非不可或缺,但卻是第一線社會工作員最期待督導要具備的功能。教育功能可以透過所謂的「教學」、「訓練」、「員工發展」、「指導」和「良師益友的師徒制」等不同形式的活動來發揮。有些學者相信,假如將教育功能與行政功能分開,員工對於在直接服務工作上所面臨的困難和差錯,比較能暢所欲言。然而有些人則堅持,督導者應該兼具教育與行政的功能,如此一來他們才能既給予指導與建議,又提供適當的行政支持與獎勵。

督導的教育面向在於促進員工的一般發展,協助他們在特定專門領域的發展上做出明確的選擇。督導協助新進的第一線社會工作員熟悉並適應新環境,提供他們在處理案主(特別是非志願性案主)事務上,必須要瞭解的策略和具備的技巧。被督導者的發展階段影響督導的形式、結構和目的,愈有實務經驗的社會工作員,愈被賦予較高的自主性。督導者將其所應負起的教育責任,視為促使員工成長的機制和過程,被督導者則利用督導的機會,向督導者尋求相關處遇的建議。假如只是關乎程序的事務,被督導者經常會找同事商量,假如關乎決策,被督導者通常會在先與同事商量後,再向督導者諮詢。曾經有一位試驗服務方案的督導者告訴作者,因為該服務方案非常新,督導要提供一個方向,好讓工作者能掌握工作的性質。該督導者也利用督導會議來確認社會工作員所需要的訓練,並針對手邊正在處理的個案,

討論適當的臨床技巧。

在一九七三和一九八九年，Kadushin（1974, 1992b, 1992c）在美國針對社會工作督導進行了大規模的全國性調查。Kadushin 在分析基本的描述性資料中提到由督導者和被督導者所指出的社會工作督導的優缺點（Kadushin, 1992c）。他從全美社會工作人員協會（National Association of Social Worker, NASW）的成員中，隨機抽取七百五十個督導者和七百五十個被督導者，這兩項重要的樣本調查提供出一幅圖象，象徵社會工作督導這門技術在美國的狀態。在一九八九年的調查中，Kadushin 發現，督導的主要形式仍然是以個別督導會議進行；督導者和被督導者都認為，教育是督導功能中最重要的功能，支持功能居次；督導者和被督導者都認為員工績效考核是一項棘手的任務。遺憾的是，Kadushin（1992b）未藉此機會進行深度的分析，例如以推論統計進行理論的建立，他雖然對督導現況提供基本的描述性統計，卻未對未來的督導實務提出可行的建議。

在以色列的一項實證研究中，Erera 與 Lazar（1994a）幾乎網羅了以色列所有的社會工作督導者作為其研究對象，包括組長（N＝99）、以服務為取向的督導者（service-oriented supervisor）（N＝23）以及以治療為取向的督導者（treatment-oriented supervisor）（N＝111）。該研究所提供的問卷是以角色衝突與混淆為主題。該研究指出，組長所經驗到的角色衝突與混淆，比以治療為取向的督導者要來得多，因為組長要同時履行多重的行政職責和督導角色。根據這些發現，Erera與Lazar（1994a）對督導中的行政功能和教育功能的可相容性進行檢視，並提出此兩種功能應該分開由不同人來發揮。此外，他們也建構了一套測量工具，對 Kadushin 的督導功能模式提出具體的操作方法，督導功能問卷表（Supervisory Functions Inventory, SFI）的效度就是以他們早期研究的同一樣本為根據（Erera & Lazar, 1994a）。因素分析產生的七個因素符合三個督導功能。行政功能的三個因素包括：政策、計畫和

預算編列，品質管控，以及與社區服務的聯繫。三個與教育功能有關的因素包括：專業技巧和方法、專業界限，以及知識與資訊。最後一個因素與支持功能相關：對第一線社會工作員的支持。進一步的單變項變異數分析揭示，造成不同服務環境的社會工作督導者之間有所差異的是行政功能，而不是教育功能或支持功能（Erera & Lazar, 1994b）。

Choy 先生對督導的教育功能做了詳細的說明：「從員工發展的角度來看，我還要扮演教師的角色，利用督導會議的時間教導員工如何執行他們的工作。」

有位督導者在一次焦點團體中與其他督導者分享他的看法：「督導的目的在於加強（員工的）精神空間與自主性，激勵員工，促進他們的發展。」

被督導者同意督導者的看法，認為督導的第二個目的是，傳授被督導者有效協助案主所需的技巧。

Lily 是服務於兒童與青少年中心的年輕社會工作員，她堅持督導者的目的是：「指導服務的輸送，並提供員工所需要的專業建議。」

Sally 是在青少年整合服務團隊工作的第一線社會工作員，她說：「督導者將會給你專業的建議，讓你的工作做得更好。」

Nancy 是在政府經營的家庭服務中心工作的個案工作者，根據她的觀察，督導過程讓督導者知道員工的工作狀況，包括個案管理期間所發生的狀況以及碰到的困難，督導者也可以設法協助……也瞭解員工的生涯規劃，看他們是否有意願到別的單位去。」

教育督導的特點

教育督導是一個教與學的過程（teaching and learning process），在這過程中有兩個夥伴，彼此應該都樂意給，也都願意取，因而發展出共有的意義；有意願分享，也有動機學習。正如同 Kadushin 與 Harkness（2002）的看法，這是一個需要規劃和準備的過程。教育督導的焦點在於直接服務的知識、技巧和態度，督導者扮演有用的資源人士（re-source person），給予被督導者建議與引導。在教育督導中，回饋雖然重要，但有效的回饋端賴督導者與員工之間開放的溝通。有時候，教育督導被社會工作員視為「臨床督導」。在一個很有安全感的學習和自我增進的氣氛中，有效的回饋會不斷冒出。行政督導強調第一線社會工作員的應然面，教育督導則強調第一線社會工作員的本然面。作為行政管理者，督導者要確實掌握工作完成的期限與底線，但督導者也必須為員工的發展設定目標與計畫。督導者應該針對員工建立初期的評估，確認他們在直接實務工作上的困難，決定他們在專業成長上的需求，然後規劃出量身訂做的教育督導計畫。

給予回饋

給予被督導者回饋是一門藝術，Kadushin 與 Harkness（2002）對此提供以下指導方針：

1. 應該在工作完成後盡快給予回饋。
2. 回饋應該愈明確、愈特定愈好。
3. 回饋應該客觀具體。
4. 回饋的內容應該是描述性的而不是批評性的。
5. 回饋應該突顯出好的工作成效。

6. 回饋應該聚焦在被督導者的工作作為而不是被督導者的人格。

7. 回饋應該有思考與討論的空間，而不是專斷的要被督導者同意和接受。

8. 回饋應該盡量與你想要被督導者學習的議題相關。

9. 好的回饋是一個分享彼此想法的過程，而不是督導者單方面給予建議；要共同探索可行之道，而非給現成的答案。

10. 回饋量應有所選擇，莫超過被督導者所能吸收的範圍（Kadushin & Harkness, 2002, pp. 160-161）。

支持性督導

督導過程是督導者支持被督導者的時機，讓督導者表達對被督導者的肯定，Kadushin 與 Harkness（2002）認為，這種支持功能是社會工作督導的第三種功能；支持可以是情緒性的，也可以是實質性的。

提供支持給第一線社會工作員，是督導者非常重要的任務。Himle、Jayaratne 與 Thyness（1989）在挪威進行一項調查，從 2,644 名社會工作員中隨機抽取八百名社會工作員的樣本，他們研究督導關係的四個面向（心理的緊張狀態、工作滿意度與人員流動率、工作壓力及社會支持）以及四種社會支持（情緒支持、考核、資訊支持和工具性支持）。該調查指出，督導者所提供的工具性支持與資訊支持可能降低第一線社會工作員的心理壓力，連帶抒解第一線社會工作員可能的耗竭與對工作的不滿。Himle 等人（1989）認為，考核與情緒支持在緩衝工作壓力上無法發揮效用，因為前者主要是為了改善工作績效，而後者會有太多個人內在的揭露，有時會受第一線社會工作員之影響而有所偏離。以上研究者因此結論道，服務性組織應該訓練督導者提供資訊的和工具性的支持，提高職能，對於新進的和經驗不足的員工尤應如此。

有位督導者描述她的被督導者的需求：「員工告訴我他們如何進行工作，事實上，他們並不是在問我應該做什麼，他們只是需要我的認可。」

Charles討論到督導的支持性角色：「有時候（除了做一個督導者），我還是輔導者。有些員工實在太新。協助的過程並無特定結構，當我有空的時候，我就跟他們談生活，例如，當他們和另一半發生口角時，我也跟他們分享我如何處理這種狀況……公事當然要處理，但如果個人的事情擺不平，就會連帶影響公事。如果被督導者願意跟我談，並且信任我，我會運用我的輔導專業，設法協助他（或她），但我們之間並無誰上誰下的主從關係。談論過後，他們的工作績效會比較好。雖然公私事不能完全切割得清清楚楚，但他們得處理自己的個人事務，我不會介入。在公事方面，我是他們的督導者；在私事方面，我是他們的朋友。」

May是學校的社會工作員，她認為，她的督導者的重要責任是「提供被督導者情緒支持，以面對挫折……瞭解我對工作的感覺，他也讓我知道他的感覺。」

Lily是一個年輕的社會工作員，她繼續說：「其它功能是抒解工作壓力，使員工恢復生氣，瞭解員工的感覺，並且釐清方向。」

John是經驗豐富的社區工作者，根據他的觀察，督導者的一個功能是「要讓員工之間對任務和服務的執行取得共識，並透過分享，促進團隊的向心力。」。

Karen是在一個大型非政府組織的身心重建單位工作的社會工作助理，她說：「督導協助消除員工衝突，每個人同意某件事並寫下來，這是一個妥協的過程，這些紀錄是取得共識的根據。」

壓力與耗竭

　　由於要面對從不同的相關當事者所提出的各種要求，社會工作是一個很容易產生壓力（stress）與耗竭（burnout）的高風險專業（high-risk profession）。壓力是環境的負面特徵，對個人造成衝擊（Shinn, Rosario, Morch, & Chestnut, 1984）；耗竭是一連串身體和情緒適應不良的反應，是由工作相關的大量慢性壓力所引起（Arches, 1991）。耗竭最常見的症狀是情緒性的枯竭（Wallace & Brinkerhoff, 1991），這種感受可以用「我放棄」一語道盡（Johnson, 1988），這種想法對工作者是一種警訊，也就是，他們不再有能力和意志力繼續下去。Karasek 與 Theorell（1990）根據傳統的「要求—控制—支持」模式（demand-control-support model），解釋在工作場所裡所存在的壓力。他們將「要求」置於該系譜的一端，而「支持」在另一端，當工作中出現高度要求、低度支持時，就將有壓力甚至耗竭的情況發生。

　　工作壓力的主要來源有四個。第一個是來自工作的要求，這通常有兩種情況：首先，不同要求的界限之間（無論是人際之間或組織之間的界限）的介面愈大，壓力就愈大；其次，要求的情況愈不確定，壓力就愈大。例如第一線的督導者是壓力最大的職業之一，因為他們被期待要完成來自不同要求的多種任務，包括管理工作，如決策、重複單一行動的例行性工作、涉及外部人員的跨界工作，以及影響獎懲、令人為難的工作考核。工作過度和工作的不安全感也會增加工作的壓力。第二個突顯工作壓力的來源是，角色衝突和曖昧不明的狀況，這在 Erera（1991b）針對社會工作督導的耗竭研究中就發現，耗竭的主要起因是曖昧不明和矛盾的組織政策。當決策缺乏具體而明確的指導方針時，決策結果可能不被員工所接受，甚至還會導致督導者與被督導者之間的人際衝突。第三個壓力來源是可能令人不舒服的物理環境，像辦公室採光、溫度、聲音和設計，假如容易令人感到疲倦和厭煩，

也會助長工作壓力。最後，也是最重要的工作壓力來源：人際之間的互動、比較與要求，例如有些人的性格容易傷人、未能保持心理的空間與距離，以及位階、資歷和所得的差異，這些狀況可以導致緊張的人際關係，一旦工作關係被權力遊戲扭曲，同事都將遭殃。

　　Brown 與 Bourne（1996）指出壓力的身體和行為徵兆。身體的徵兆包括：沒做什麼事也感到疲累、體重下降且胃口不好、失眠、增強的頭痛、身體不明原因的疼痛緊繃，以及物質濫用（substance abuse）。當員工出現這些症狀，督導者應該注意並表達關切。根據作者的經驗，最有效的因應之道是立即減輕員工的工作量，讓他們有時間和空間休息和恢復。然而督導者應該要小心，採取低調的臨時性對策，否則社會工作員會覺得督導者不再信賴他們，而且他們也可能在同事面前感覺到沒臉見人。

　　壓力顯現在行為上的徵兆包括：逐漸強迫的自我孤立、愈來愈優柔寡斷、過度的自我批判、固執不變通的工作方法、失去熱忱、感覺快被工作壓垮、對工作意興闌珊、拒絕創新與改變、沒耐心且易怒、充滿成見，以及社會和個人關係破裂（Brown & Bourne, 1996）。每當社會工作員出現這樣的行為，督導者就應該提供更多的情緒支持，另外的作法是讓社會工作員休息。有時度個假就好了，雖然對於長期慢性的壓力，放假可能無濟於事，但至少可以暫時性地解除負擔，而且督導者的關切將會讓社會工作員非常感激。最重要的原則是讓社會工作員在聽了督導者給的建議後，自己選擇想要因應的方式。督導者可能無法對被督導者的狀況有全面的瞭解，所以最好的作法就是表達關切和支持，而不要扮演輔導者的角色。Brown 與 Bourne（1996）建議的因應策略，適用於不同階段的耗竭狀況中。

第一階段：三分鐘熱度

　　有時候，被督導者自己不切實際的超量承攬太多職務，很外就會

被工作壓垮。在這個階段，督導者可能要檢視被督導者過去的工作史；確認其優勢、弱點和需求；檢查其潛在的壓力來源；設定實際的和可達到的短期與長期目標。

第二階段：太早習以為常

在第二階段中，三分鐘熱度已逐漸降溫，社會工作員可能感覺到工作不再那麼令人興奮。此時督導者必須確認被督導者能做好情緒上的自我保護，並將私人生活和專業工作清楚分開。督導者應該突顯一些小的成就，以恢復被督導者的信心，並且藉由對工作細節的檢驗，讓被督導者瞭解自己對工作漫不經心、機械化的態度。

第三階段：自我懷疑

假如任由第二階段的狀況持續下去，缺乏建設性的方向，被督導者會內化這種停滯不前的感覺，而懷疑起自己的能力。在這種情況下，督導者應該依循前面兩個階段中概述的程序，也許有助於被督導者重新獲得內在的力量。當然，督導者應該要讓被督導者知道可以獲得哪些協助。督導者也應該和被督導者討論自己先前階段的經驗，並找出壓力源。重要的是，督導者不要扮演治療師的角色，否則被督導者可能會變得依賴，也可能會有令人不愉快的情感轉移。督導者必須確認被督導者的工作表現符合最起碼的標準。可能的行動方向包括：個案量的重新分配、改變工作輕重緩急的優先順序、在衝突的當事者之間直接斡旋、改變工作環境或工作樣態，以及提供員工適當的成長機會。

第四階段：停滯、崩潰或恢復

第四階段的狀況要看先前階段的演變。首先，被督導者體驗到停滯感，且狀況逐漸惡化，他們會變得消極而沮喪，假如繼續對這種狀況坐視不管，一旦遭遇壓力情境可能會有風險發生，這時有些人會要

求協助，但有些人可能就離職了。在這個階段，督導者應該確認要如何提供協助，例如提供員工輔導計畫，同時督導者必須向被督導者保證，機構會尊重且善待他（或她）。

在社會工作員耗竭的所有階段期間，督導者可以提供四種支持：情緒支持、工作評估、工具性支持和資訊支持（Himle et al., 1989）。表達情緒支持時，必須溫暖和友善，有助於員工釋放其緊繃，並感受到被人關切。有關工作評估的支持，督導者必須在評估過程中，表示其認可被督導者正在做的事情，肯定其貢獻，好讓被督導者在組織中有比較強的安全感。工具性的支持指的是，在督導者的引導和協助下完成工作。資訊支持是提供有用的資訊，以促進被督導者工作的完成和專業的成長。

Newsome 與 Pillari（1991）在美國東南部的一個中型城市進行調查，他們從政府的人力資源部門隨機抽取一百二十一名社會工作員，以自行填答的問卷進行資料蒐集。他們的調查顯示，工作滿意度和督導關係的整體品質呈正相關。Rauktis 與 Koeske（1994）則從全美社會工作人員協會在西南分部的會員名單中，隨機抽取兩百三十二名被督導者進行調查，他們發現，支持性督導似乎與工作滿意度有直接和正向的關聯。以上這兩個研究發現都強調，為了提高員工士氣和工作滿意度，有必要提供支持性督導。

與男性及女性督導者共事的性別議題

在社會工作督導中，性別是一個重要的議題。雖然在社會工作專業中，女性工作者的人數可觀，但很多研究顯示，雖然社會工作人員多數為女性，但位居管理階層的女性社會工作員的比例卻不高（Chernesky, 1986），這引起女性主義者在意識型態上反對社會工作督導也就不足為奇，因為這與女性主義者的原則和價值不一致（Chernesky,

1986）。

　　傳統上，社會工作督導協調、引導並監督社會工作實務。Chernesky
（1986）主張，督導者除了行政和支持功能，還有專業化功能，也就
是使社會工作員熟悉社會工作專業的規範。她還指出傳統「督導者—
被督導者」關係的八個問題：第一，沒有一個設定的時間點，以決定
被督導者是否已經被認可為稱職且自主的專業人員；第二，在回應社
會工作員的需求時，未顧及其個別差異，例如未區分經驗不足的被督
導者與經驗豐富的被督導者之間的差異（Watson, 1973）；第三，沒有
對在督導會議中可能帶入討論的主題設限，社會工作員可能因此陷入
弱勢的處境（Levy, 1973）；第四，社會工作員要對案主負責，但是督
導者最後要取信負責的對象卻是管理高層（Chernesky, 1986）；第五，
督導者與被督導者的關係並不平等；第六，代表被督導者向管理高層
說明其工作狀況的是督導者，而代表管理高層向被督導者解釋其決策
的，也還是督導者（Levy, 1973）；第七，行政功能與教育功能的整
合，是假定組織與專業有一致的期待，但事實不然；第八，督導者和
被督導者關係充滿焦慮與緊張。

　　在傳統的督導模式中，有十一個假定（Chernesky, 1986）。第一，
社會工作員需要外界的、組織的管控，如此才能做好工作；第二，假
如沒有定期監督社會工作員，他們將不會遵從組織的命令工作；第三，
社會工作員的承諾及其內化的標準與規範，不足以確保他們能有好的
工作績效；第四，社會工作員不被認為有為自己的工作負責的能力；
第五，社會工作員需要保護、支持和監督，才能完成工作；第六，社
會工作員總是需要學習、需要被教導，才能達成專業的和個人的成長，
因此社會工作員永遠不可能成為獨立自主的專業人員；第七，督導者
和權威人物擁有知識、專門技術和經驗，只有他們可以教人；第八，
社會工作員不可以也不應該直接向更高的行政主管表達他們的擔心、
問題或不滿，這一切都得間接透過督導者來傳達；第九，職權的安排

有等級之分，執行者和管理者必須分開；第十，相較於行政主管，社會工作員比較沒有能力決定如何執行政策；第十一，督導者與被督導者之間的個人關係，是唯一能監督和管控社會工作員的方式（Chernesky, 1986）。

Chernesky（1986）對社會工作督導提出替代方案——女性主義取向。此取向的主張如下：社會工作員應該自我引導、自律和自我規範，他們應該為服務的品質負責；應以同事關係取代科層權威；教導、學習、建議和諮詢應該是專業生涯的一部分，督導不應該是監督工作表現的唯一方法，記錄、持續的訓練、提高工作的可見度和水平式的溝通可以是有效的替代作法；應採取過程取向的結構（process-oriented structure）來促進個人的成長和專業的發展，而不需要仰賴師徒關係。女性主義社會工作督導的目標在於讓具有自主性、自我引導和自我規範的社會工作員能夠出現。

有些學者（Osterberg, 1996; Powell, 1993）主張，督導中的性別差異有被誇大之嫌，因為相關研究只聚焦在性別，並且假定男性與女性對立，在性別二元論已經成為研究的主要焦點的同時，種族、性傾向、年齡、身障狀況、組織環境及其他變項卻被忽略。針對性別與督導之研究的後設分析（meta-analysis）已經顯示，督導中的性別差異是最小的議題。Powell（1993）指出，男性督導者與女性督導者之間的價值、需求和督導的作風，並沒有多大的不同。指出有差異的研究，主要是來自研究室而不是實務工作中。Osterberg（1996）堅稱，將性別視為督導中的主要特徵，誇大了性別差異的重要性。事實上，在同性別間的內部差異要比不同性別間的外部差異要多更多。強調性別差異在督導實務和作為中的效應，會產生誤導，而忽略人類行為與認同的複雜性。

性別配對（gender matching）是另一個有爭議的議題。Powell（1993）在這方面提出很多疑問；真的有性別差異嗎？如何善用性別差異讓督導更有效？特別強調性別相關的方法，會不會只是強化了性

別歧視者的刻板印象？事實上，權力分配才是性別議題的根基（Bernard & Goodyear, 1992），權力分配一定要解決，否則性別議題將仍然是懸而未決的問題。

Munson（1979c）在美國東部的三個州，以叢集抽樣的方式，針對六十四位督導者和六十五位被督導者進行問卷調查。他發現無論被督導者性別為何，女性督導者都做得非常稱職，而且女性督導者與男性被督導者之間並沒有關係上的困難。事實上，在被督導者為督導者所打的分數中，女性督導者在很多方面的得分都比男性督導者要高出許多，例如非指導性、助益性、工作績效、決定事情優先順序的能力、角色取向、臨床能力、對增進社會工作員效力的貢獻、親切度、是否能表達感謝，以及參與非正式互動的意向（Munson, 1979c）。此外，女性也比男性更加關係取向、更具有直覺力，雖然因此就認定男性比較任務取向可能太過草率，但這卻是普遍的看法。Munson 的調查指出，在與行政督導相關的許多方面，男性督導者與女性督導者之間並沒有差異。

多樣性：督導的跨文化議題

由於愈來愈多的案主與社會工作員來自不同的族群、社會階級和文化，多樣性已經成為社會工作直接服務與督導的重要議題，不同文化之間的督導也變得非常普遍。根據 Powell（1993）的觀察，有一些方式可以用來處理這個議題。首先，督導者必須意識到文化的差異，那可能包含種種概念的差異，例如對空間與時間、對世界甚至是信念等概念的差異。第二，這些文化差別與督導的相關性必須被探究，只可惜以多樣性與督導之間的關聯性為主題的研究和文獻付之闕如。第三，由於文化、種族特性和社會階級可能決定求助行為的模態，督導者與被督導者應該密切注意這些議題。

　　一般而言，文化敏感度（cultural sensitivity）是在處理多樣性議題時所應具備的態度，這意味著督導者與被督導者應該尊重彼此的背景與觀點，雙方應該將差異視為生活中自然的一部分，這對於來自不同社會群體與族群的督導者與被督導者之間的督導關係尤為重要。隨著社會工作專業已經在實務中注意到多樣性的議題，類似的議題同樣也出現在社會工作督導與管理的脈絡中（Shulman, 1982, 1993; *Encyclopedia of Social Work*, 1995），管理階層的成員中有多少少數族群，也已經引起相當關注。

7

督導者與被督導者之間的權力議題

權力與職權的性質

　　在官僚體制的服務組織中，社會工作督導者自然也是管理者之一，無論他們個人喜不喜歡，都必須行使其職位所賦予的權職與權力，但這樣通常會不受第一線社會工作員歡迎，因為他們重視的是關懷、平等、團隊合作以及員工參與。社會工作督導文獻對於職權與權力議題的探討，起於一九七○年代晚期 Munson（1979a, 1979b, 1981）對督導行使職權的研究。

　　Munson（1979a, 1979b, 1981）的研究規劃得相當完備，他從美國三個州的社會福利機構隨機選取六十四位督導者和六十五位被督導者，分別以兩種方式蒐集資料：將問卷寄給督導者自行填答，被督導者則接受訪談。Munson 發現，督導行使職權與互動程度、督導滿意度，以及工作滿意度之間有顯著的相關性。在工作滿意度和督導滿意度方面，能力模式督導（督導者的權威來自其知識和實務技巧）比認可模式督導（督導者的權威來自其組織中的管理位階）高。在能力模式中，督導者必須證明其在專業實務上具有稱職的技巧，才能建立起專業權威，也才能受到員工的承認和接受，Kadushin（1992b）的研究就發現，美國第一線社會工作員最敬重這種督導者。很明顯的，第一線社會工作員所尊敬的督導者，必須能教給他們適用於日常工作中問題解決的技

巧，此外，能協助第一線社會工作員解決處遇問題的督導者，也非常
受到激賞。

　　在認可模式中，督導者以組織所賦予的職權來指導第一線社會工
作員，以達成組織的目標，但這種外力的行使有時會遭到員工抗拒。
在這種模式中，督導者未能讓員工學習到處遇技巧，只是令其聽命行
事，第一線社會工作員的工作表現也會因此只傾向做到督導者所設定
的最低標準就好，而無法獲得專業成長。此外，這樣的督導者很少被
社會工作員認同，他們只是管理者，而不是良師與使能者，無法在第
一線社會工作員遭遇實務工作上的困難時，提供資訊、技巧或情緒等
方面的支持。這種督導者主要是工作績效的考核官，難以聽到社會工
作員的困難和真正心聲。

權力和職權之間的不同

　　Munson（1981, 1993）與 Kaiser（1997）都肯定督導關係中行使職
權與權力的重要性，也強調督導者與被督導者之間權力落差的重要意
義。根據 Kaiser（1997）所指出，職權和權力是督導關係中的兩個主
要構成要素，更重要的是有關這兩個概念的區別。Kadushin 與 Harkness
（2002）提出，權力是控制他人的能力，而職權是控制他人的正當權
利，且看他們深入的闡述：「職權是一種將權力的行使合法化的權利
（right），使其權力的行使被認可，擁有的權力被接受也被承認有效；
職權是發布指令、行使管控及要求服從的正當權利，是決定他人的行
為以及制定引導他人行動之決策的權利（Kadushin & Harkness, 2002, p.
84）」。在官僚體系中，職權來自行政管理結構，在其中，透過勞力
分工和努力成果的整合，以達成組織的目標。行政職權的指派和行使
是在日常工作中必要的操作。至於權力，其最簡單的意思就是行使職
權的能力。Kadushin 與 Karkness 以撼人的例子說明職權與權力之間的

差別：劫機者，有權力但無職權；被人犯挾持的監獄典獄長，有職權卻無權力（Kadushin & Karkness, 2002, p. 85）。

職權和權力的來源

　　權力可以根據不同的判斷標準來分類。最常使用的分類是由French與Raven（1960）所發展出來的，他們將權力分成五種：獎勵的權力（reward power）、強制的權力（coercive power）、合法的權力（legitimate power）、參照的權力（referent power），以及專家的權力（expert power）。前三種權力來自組織，督導者使用這三種權力時，被當作行政管理者；後兩種權力則來自於督導者個人及其專業身分，也就是督導者的個人品質與專業能力。

　　獎勵的權力指的是，督導者有資格決定是否給予員工有形的報酬，包括升遷、加薪、員工發展、休假和令人嚮往的工作指派。督導者要小心行使獎勵權力，一方面，獎勵必須差異化和個別化，倘若變得公式化，就失去其引發動機的影響力；另一方面，督導者必須做到讓所有員工都覺得公正，否則第一線社會工作員會怨恨督導者對獎勵權力的行使，並且產生強烈的抗拒，降低團隊工作力，損害員工士氣。

　　強制的權力是督導者懲罰員工以影響其行為的能力。懲罰包括規訓的行動、降職、開除和指派不受歡迎的任務，當然，督導者也可以只是針對員工的行為表達「不允許」並強加一些限制。然而在尊重專業自主性和社會文化的影響下，督導者在行使強制的權力上常感到為難。根據Kadushin（1992c）的大規模調查，很多督導者對此權力的行使感到遲疑，以下是一些典型的看法：

- 我不喜歡面質我的員工。
- 我很難啟齒叫員工做事。

- 我跟人家設定限制的面質技巧很差。
- 我很難去面質不好的、負面的工作表現。
- 我對於給予負面的回饋感到為難。
- 即使某人不適任的事實已經再清楚不過了，我仍難以將他解雇。
- 我發現自己無法跟被督導者面質，去討論他必須完成卻無法完成的任務。

所有的督導者都希望自己扮「白臉」（nice），受員工歡迎，沒有督導者要扮演被第一線社會工作員怨恨的「黑臉」。

督導者合法的權力是在其正式的職位上原本就擁有的，是由管理高層授權以履行組織所指派的任務。合法的權力是非關個人的，是事務性的，工作成員在職場上的回應是針對該職位，而不是針對擁有該職位的人，員工有必要接受該權力。然而，這種義務式、具有強迫性的順從，可能會降低社會工作員的積極性，也將使其保持最低度的生產力；但這種積極性在專業實務中卻非常重要。行使合法的權力提醒員工必須臣服於職權，應該只用在履行督導的行政功能上。

參照的權力來自於員工對於督導者的認同度，該權力有兩個條件：督導者與被督導者之間良好的關係，以及被督導者對督導者明顯的仰慕。一如 Kadushin 與 Harkness（2002）提過某位被督導者的話：「我想要像我的督導，也希望被她喜愛，因此，我想要相信和模仿她的所作所為。」「我像我的督導，我的信念和作為也跟她一樣（p. 88）」。參照的權力一旦建立，督導者就成為被督導者的重要他人。督導者要對被督導者產生這種影響力，必須提高個人的品質。

督導者的專家權力來自其在社會工作實務上的知識與技巧，假如督導者能洞察未來並對直接服務做出正確的決策，他們就會因為具備專門知識而被認定具有專業權威，被督導者也將因此聽從他們在專業實務上的建議。具有專家權力的督導者，在其專業領域中往往具有影

響力。

行使權力和職權的藝術

在服務組織中，雖然權力不均衡的狀態明顯可見，但處理的方式
卻不是那麼清楚。一個極端是，當權力落差太大的時候，員工可能不
太會想要全力以赴；另一極端則是，權力差異可能太小，而無法適當
地監督員工的工作表現。這兩個極端的任何一個，都會在督導者與被
督導者之間產生嚴重的緊張關係。Kaiser（1997）以「雙重關係」（dual
relationship）來描述這種必須小心處理的關係平衡，一方面，督導者必
須發揮其「設定極限的功能」（limit-setting function），也就是必須確
保被督導者的工作表現符合該職掌的最低要求，假如被督導者無法達
到最低要求，督導者被期待要對此提出否定的回饋，或甚至是警告，
這是艱難的任務，督導者對此通常感到為難；另一方面，督導者必須
與工作成員在支持性的關係與有效的溝通的基礎上，去建構對彼此而
言「分享的意義」。

權力不均衡的問題關鍵在於，總是有混淆的情況與爭議的情事發
生。當督導者與被督導者屬於不同的族群、文化或性別時，可能會產
生誤解，例如中國人的文化強調要接受層級制度、敬重前輩、維持社
會地位以及追求和諧，這使得督導者的職權相當容易建立（Tsui,
2002）。但是在美國，督導者必須以行動證明其專業上的實力，其職
權的行使才能服人（Kadushin & Harkness, 2002）。

一如Kaiser（1997）所指出的，對職權的態度是構成督導職權動力
基礎的關鍵要素之一。Holloway 與 Brager（1989）指出，這樣的態度
取決於三個因素：(1)被督導者如何看待權力的來源，以及他們是否接
受其合法性；(2)被督導者如何獲得其所要求的資源（或如何避免制
裁）；以及(3)被督導者對於與權威人士合作有可能取得想要之資源（或

避免制裁）的相信程度（p. 59）。在不同因素的影響下，會決定被督導者對於督導者的作風及其權力行使的反應，而文化是助長這些態度之發展的重要變項之一。

　　Tsui（2001）發現，督導者在督導過程中對於決策具有相當優勢的影響力。當督導者與被督導者意見不同時，被督導者總是會遵照督導者的指示，只有少數的被督導者會與同事討論，然後再向督導者表達其看法。幾乎所有受訪的督導者都會以「共識決」的決策方法（consensus approach）來行使其督導的職權，他們在心裡會先有一個基本的計畫，然後再徵詢員工的意見，在這過程中，督導者讓被督導者針對議題進行討論，但他們往往只會含蓄地表達自己的看法。假如員工同意，那麼就達成集體決策，否則督導者要盡量汲取被督導者的意見、修正其心中原本的規劃，然後提出修正的計畫，使員工能接受。在大部分的情況中，員工不與督導者爭論，因為他們已習慣於尊重督導者，督導者就這樣消極地獲得員工的同意。商議過後，督導者可以整合員工的意見到原本的計畫中，讓計畫具有合法性，也提供不可或缺的資訊。當然，不同組織在行政職權的行使上有不同的結構和過程，一般而言大型的服務性組織通常有結構完備的層級制度與程序，但無論在大型組織或小型組織，督導者以商議和表決的方式來操作決策過程是共通的作法。

　　使用「共識決」決策的督導者將議題分成兩類：與組織政策或行政有關的議題，督導者以直截了當的方式進行決策；與專業實務或服務輸送相關的事務，督導者鼓勵員工進行討論。假如服務輸送的時間緊迫，就由督導者決策，並且給出明確的、按部就班的執行步驟；若沒有時間壓力，督導者就讓員工自己針對事務進行討論，最後再給予清楚指示，並確認員工瞭解且遵循辦理。有時候被督導者找督導者商量，因為他們想要督導者為決策負責，而當督導者給的建議曖昧不明確，或者告訴被督導者以自己的方式處理時，會讓督導者感到焦慮。

有位督導者說：「事情狀況有紅、黃、綠燈三種：紅燈事務，沒有討論的餘地，由我決定，例如年假或工作時間；綠燈事務，由員工討論決定，我只管產出的結果；至於黃燈事務，我們可能要一起討論，例如，服務單位的方向、來年的計畫目標或新服務的性質。」

有位兒童與青少年中心的督導者說：「有些事我決定就好，有些事則大家一起決定。我希望我們以「共識決」決策，但員工期待我做決定，我決策後，他們又往往不高興。督導的職權只是一種抽象的權力，使用它，你才真正擁有它。」

有位整合青年服務團隊的組長說：「當我推銷我的想法時，假如員工不接受而且事情也不那麼重要，我就會讓他們自己去決定。對於服務輸送，我讓員工自由發揮，但對於行政事務，他們就得二話不說地遵照我的建議。」

有位就業輔導計畫的督導者說：「雖然我已經有所規劃，但我常常還是會跟他們商量，只是我會把我的計畫先放在心中不講。員工通常不太堅持自己的看法。假如我的看法跟他們的完全不一樣，我就會告訴他們我的想法，在相當程度上，我是想要影響他們的。」

　　從被督導者的觀點來看，督導者以「共識決」決策；從督導者的觀點，以行政職權決策是最後不得已的手段，因為這對員工士氣會有負面的衝擊。有些被督導者相信，「共識決」只是督導者一方的一種政治姿態，所以他們不在商議的過程中說坦白話。大多時候，被督導者傾向於對他們的督導者讓步，雖然這也許能在服務單位中維持表面

的和諧，但卻會降低員工的參與度與歸屬感。

May是學校社會工作員，她說：「假如我認為督導者的想法不好，我會告訴他。假如他認為我的評論有理，他就會接受。假如他不接受這些意見，無妨，我會用其它方式來追求我自己的目標。有時候他知道了，他會問我為何要這樣。我有時候會跟他解釋，有時候我就隱瞞不說。」

Kevin是青少年外展工作的社會工作員，他說：「我的督導總是在說服，她在私底下跟我們討論事情。決策應該在工作團隊中進行，但我們的督導花很多時間以私下個別討論的方式決策，我覺得這很困擾。」

Cindy是醫務社會工作員，她說：「通常都是由督導做決定，他選擇最好的可行之道，除非這件事情已經在執行過程中。然後，如果我們有不同的看法，我們就一起討論，可能會進行一些調整，但通常督導的看法會有決定性的優勢。」

督導者與被督導者的權力遊戲

權力遊戲本來就是一種阻礙合作的遊戲，是一種微妙的、不容易覺察的對抗與競爭的形式，其發生往往是因為缺乏信任與共識。在權力遊戲中，一個巴掌拍不響，總是要由雙方共同參與，只是參與者不是夥伴，而是對手，兩造都想取得優勢，都想以最小的代價換取最大的利益。在這過程中，使用的策略與戰術錯綜複雜，無論結果誰贏，從督導的效力來看，每個人都是輸家，因為在權力遊戲的狀況下，永

遠也無法達成專業督導的目的與功能。

督導者的遊戲

棄權遊戲

　　當督導者感到沒有適當的行政支持或專業能力來行使其督導的權威時，他們經常會演出棄權遊戲（Hawthorne, 1975），這遊戲牽涉到將行政決策的責任和專業的投入轉讓給其他人，有時候是管理高層，有時候甚至是第一線社會工作員。在這些情況中，督導者蓄意混淆專業身分和個人身分。根據 Hawthorne（1975）與 Kadushin（1979），演出棄權遊戲的督導者會有五種說法：「上頭不允許！」「我好可憐！」「我真的跟你們是同一國的！」、「這個問題很好，你應該繼續發掘更多問題！」「我很詫異你竟然真的這麼說！」以下針對每一種說詞詳細解說。

「上頭不允許！」

　　在此說詞的遊戲中，督導者會先假裝他（或她）願意讓被督導者自己採取行動，然而被督導者的行動無法通過管理高層那一關。這樣的督導者是在推卸責任，同時放棄自己的權力，也會失去其部屬的尊敬。這種督導者被第一線社會工作員批評為管理高層的傳聲筒，既不會維護員工的權益，也不會反對管理高層不合理的要求。

「我好可憐！」

　　在這種事例中，督導者抱怨工作太忙，抱怨總是有那麼多不同的要求。他們會歸咎於沈重的行政負擔，沒有時間與第一線社會工作員進行有意義的督導會議。顯然這些督導者正在搏取員工的同情，這種

角色的顛倒促使被督導者將其督導者視為需要協助的案主，使被督導者可能感到有必要支持並保護督導者。這類的督導者無法提供行政的領導統馭、專業的建議，或甚至是情緒的支持。

「我真的跟你們是同一國的！」或「我真的是好人！」

這是兩種類似的情況。在「我真的跟你們是同一國的」的情況中，督導者藉由宣稱自己反對組織的政策和規範，與被督導者站在同一陣線，設法說服其員工接受督導者只是同儕團體中的成員之一；在「我真的是好人」的情況中，督導者的主要目的是，根據個人的價值而不是專業的價值來取悅第一線社會工作員，試圖說服員工相信自己是正派的、有吸引力的、友善的及和藹可親的人。以上這兩種遊戲，讓督導者規避應負的行政與專業責任。

「這個問題很好，你應該繼續發掘更多問題！」

在此情況中，督導者總是探問被督導者的想法。這種手法將決策的重擔轉嫁給被督導者，提供不出有用的建議。督導者可能會要求被督導者收集更多的資訊或做進一步的研究，這會讓被督導者以為自己提了一個重要的議題，受到督導者的重視，才賦予自己這麼多的自主權。事實上，這類的督導者正在規避其專業的和行政的責任，並且無限期延宕其該履行的督導工作。

這種棄權遊戲可能有助於被督導者的獨立思考和專業自主性，但卻有損督導關係中的行政責信、專業建議和情緒支持。當督導關係中的雙方維持著表面的尊重，該關係就只能以膚淺的形式維繫，但這種督導關係不是監督工作品質的有效方式，也不是專業成長的有用方法，更不是有意義的人際關係。

「我很詫異你竟然真的這麼說！」

Kadushin（1979）指出，在此遊戲中，督導者的態度是非常自我防衛的。他們會將被督導者坦誠表達的不同意見視為心理的抗拒，這種曲解讓督導者規避去使用研究證據、實務案例或專業文獻來與被督導者辯論。這種自我防衛的手法，將徵集證據的責任從督導者的身上轉移到被督導者，如此一來，督導者就能卸除尋找可靠證據來支持他（或她）的觀點的負擔。

權力遊戲

有些遊戲是根據權力的行使而不是卸責。Hawthorne（1975）指出以下權力遊戲的說詞：「記住誰才是老闆！」「小心我告發你！」「我有經驗，聽我的準沒錯！」「我只是試著要幫你！」

「記住誰才是老闆！」

在此遊戲中，督導者亮出絕對的行政權力，完全沒有協調或不同意的餘地，員工也不被允許參與決策，被督導者只是一個必須服從上司權威的受雇者；服從即美德。督導者可能會告訴被督導者：「在我的辦公室，誰都得聽我的！」聽起來好像這個單位是歸屬於督導者所有，是私人財產，而不是公共組織。當然，假如督導者要贏得這場遊戲，他們必須在組織中非常資深才行，更得仰仗一個結構僵化、嚴苛，甚至是剝削的組織文化中的官僚政治。

「小心我告發你！」

Hawthorne（1975）指出，在此遊戲中，督導者不斷重複威脅員工要向上級報告，意圖訴諸更高層級的懲罰權力，在員工心中逐漸灌輸恐懼意識。為了讓這權力遊戲奏效，督導者必須週期性地重複威脅，

變新把戲。當然，這種威脅要奏效，一定要有權力層級體系的支持，這種體系只承認通過組織所認可的權力，並且不鼓勵員工參與。有些督導者喜歡玩這種遊戲，因為在遊戲中，他們感到自己的權力有擴張且逾越分際的可能。

「我有經驗，聽我的準沒錯！」

在此遊戲中，督導者試圖私人化督導關係，扮演如父如母的長者角色，但這種關係看似呵護被督導者，卻可能扭曲專業督導建立稱職能力和鼓勵專業成長的性質，這種如同父母控制的形式限制被督導者的發展。事實上，這是在嬰兒化被督導者，將其當作小孩子對待。經驗、身分地位和資歷是不斷被強調的重點。雖然督導者聲稱這是一種為被督導者好的關係，但事實上，這對被督導者並無助益。

「我只是試著要幫你！」或「我知道，沒有我，你真的辦不到！」

根據Hawthorne（1975, p. 201）的觀察，這個遊戲是一種「假慈悲」（pseudo-benevolent）的關懷，其假定被督導者的工作能力較差；在此遊戲中，被督導者的能力被輕視貶抑。假如處遇成功，一切歸功於督導者；假如有任何問題，都歸因於被督導者的不稱職。督導者假定被督導者不能勝任或無助，將督導關係轉變成「社會工作員—案主」關係。

被督導者的遊戲

Kadushin（1979）指出被督導者用來操縱其督導者的四種策略：操作需求度、重新定義關係、降低權力不等的狀態，以及掌控情勢。

操作需求度

「一起與組織作對」或「唆使顛覆」

　　Kadushin（1979）觀察，玩弄這遊戲的被督導者總是聰明過人，他們不喜歡例行性的行政程序，例如：定期向上級呈報服務數據、準備計畫的企畫書等等。這類的被督導者會聲稱，在官僚制度的要求與專業價值之間有嚴重的衝突。他們也主張應該要「案主利益放中間、行政程序擺一邊」。有時候，他們的主張聽起來合理又具說服力，例如專業自主性，就常被用來當作不完成必要程序的藉口。然而，假如督導者被說服了，他（或她）就有可能破壞組織的政策和程序，這讓督導者不再能取信於管理高層、服務社群與資金贊助單位。

「你要對我好，因為我對你好！」

　　另一個被督導者上演的遊戲是「你要對我好，因為我對你好！」（Kadushin, 1979）。這裡運用的主要手法是奉承諂媚督導者，被督導者可能告訴督導者：

- 「你總是幫我很大的忙！」
- 「你就是那種我夢寐以求的督導！」
- 「你是我遇到過最棒的督導！」
- 「你真是我的良師益友！」
- 「沒有你的引領，我是辦不到的！」

　　諸如此類的恭維將督導者捧上了天，讓督導者難以抗拒。一旦督導者接受這樣的恭維，就落入圈套，不再能施展其行政管理的職權。

重新定義關係

「保護弱勢」或「善待我，別打我！」

在此遊戲中，被督導者強調自己的卑微，以搏得督導者的同情，然後督導者將督導關係從組織行政中的師生關係轉換成治療情境中的「工作者—案主」關係（kadushin, 1979, p. 186）。這遊戲希望打動督導者的心，促使其對被督導者伸出援手。很多督導者錯過提供治療的機會，而真的覺得自己是在幫助被督導者，因為這種親近與被感激的感覺實在難以抗拒。

「我們是朋友，別對我打分數！」

在此遊戲中，被督導者以社會關係取代專業關係來重新定義督導關係（Kadushin, 1979），反覆越過個人的界限，督導者與被督導者之間開始產生類似友誼的關係。最後督導者會發現，很難以公平客觀的方式來糾正被督導者或評估他們的工作。督導者與被督導者的同僚關係當然也可以是朋友，但假如督導者無法設定適當的底線，他們就有受被督導者操縱的可能。後果是對其他同事、對組織、對贊助單位，最後是對案主，都不公平。

「民主！平等！」

在此遊戲中，被督導者將督導關係轉換成同僚關係（Kadushin, 1979），並引證民主原則：「督導者與被督導者之間應該一切平等。」作為要求放寬行政程序的說詞。這般託詞試圖製造的假象是，督導者的職責與被督導者的工作無異，他們只是同事。然而從管理高層、贊助單位和案主而來，加諸督導者與被督導者的期待、責信和職權都不同。假如真的沒有差異，就無須設置督導一職了。

降低權力不等的狀態

「『杜斯妥也夫斯基[1]』，你沒聽過吧！」

被督導者在此所運用的策略是，測試督導者在專業領域之外的知識，這些知識可能與歷史、文學或治療有關。假如督導者不承認自己不知道，他們就得玩下去（Kadushin, 1979），而被督導者將指導督導者，翻轉慣有的角色。被督導者也可能進一步測試，問督導者說：「你不是知道嗎？」這遊戲的假定是，相對於被督導者，督導者是更加博學多聞的。

「那你對這件事瞭解多少？」

在此遊戲中，被督導者聲稱比督導者知道得更多。例如：被督導者可能堅稱，他（或她）對某位案主的瞭解更甚於督導者；第一線的女性社會工作員可能堅持，她比男性社會工作員更瞭解女人；已經是兩個孩子的媽的被督導者，可能會聲稱自己比尚未為人母的督導者瞭解孩子；資深的被督導者可能倚老賣老，以自己豐富的人生經驗為傲；年輕的第一線社會工作員可能不滿督導者對大眾文化的無知。在以上情況中，督導者與被督導者的角色又再次被翻轉。

奚落督導者

在此情況中，被督導者使用言語上的暴力，在督導者面前口出惡言，卻藉口說他們只不過是重複案主所說的話而已。這種行徑會讓督導者不舒服，也可能使得督導者與被督導者雙方的權力平衡產生變動。這些濫權的被督導者會爭辯說，社會工作專業的矯治傾向無用武之地，

---

[1] 俄國小說家。

而鼓吹全面的專業革命。由於他們的言論通常會產生局部效力，而使得督導者懷疑自己是否真的是偽君子。

掌控情勢

投督導者所好

　　玩這種遊戲的被督導者，會在督導會議中花很多時間討論與督導無關，卻可能是督導者感興趣的事務。這種被督導者會假裝傾聽，卻可能對討論內容一點也不感興趣（Kadushin, 1979），他們只是要霸占督導會議的時間，藉由提出一些不相干的問題，掌控會議討論的方向與內容。

先認錯以博取同情

　　被督導者在督導會議一開始就先俯首認罪，承認自己在處遇過程中所犯的一切錯誤，督導者毫無選擇，只能報以同情。督導者感覺到有必要給被督導者正增強，指出其優勢，好讓他們高興。此遊戲轉移任何有關處遇過程的理性討論，無法對處遇產生批判性的檢討，也無法找出有效的改善方法。

裝天真

　　此遊戲假定被督導者一派天真，完全不懂人情世故，因此督導者就得一步一步來，這會讓被督導者愈來愈依賴督導者，也使得督導者難以行使督導的職權。

「是你叫我這麼做的！」

　　被督導者藉此將專業處遇的責任推給督導者。這類被督導者只遵照督導者的指示行事，假如處遇失敗，被督導者就可以責備督導者說：

「都是你叫我這麼做的。」

「督導說什麼？我聽不懂！」

這類被督導者的手法是，向其他不同的權威人士求助，可能包括之前的督導者、管理高層、實務界的專家和社會工作教授，此策略意圖減弱督導者的職權。

「沒關係，我自己扛！」

被督導者以疏遠的手法來降低督導者的職權，他們可能聲稱，督導者無法體會第一線服務的真實狀況。這意味督導者無權指導第一線服務的工作。

如何處理權力遊戲

當督導者與被督導者之間缺乏合作和信任時，就容易有權力遊戲發生。這種遊戲本身不是相互合作的。正如 Kadushin 與 Harkness（2002）指出的，處理權力遊戲最簡單、有效和直接的方法，就是拒絕加入遊戲。在權力遊戲中，一定有遊戲雙方，只要有一方拒絕參與，遊戲就無法持續下去。當督導者玩弄棄權遊戲時，被督導者可以明確而堅定地表達其對專業引導的需求。當督導者行使其職權時，被督導者有時也會採取強硬的態度。但根據作者的經驗，衝突總是以不愉快收場。督導者應該發展出均衡的職權，有責任提供專業引導；被督導者應該將討論的焦點放在專業實務，而不是個人行為。

8

督導的階段、策略與技巧

督導過程的階段

　　督導的階段是決定督導關係、督導策略與技巧的重要因素之一。社會工作督導的過程可以被分成不同的階段,每個階段都有其強調的重點,以幫助督導者有清楚的方向,瞭解在什麼時候要提供被督導者什麼協助,例如:增進專業能力、提振員工士氣及提供情緒支持等等。

　　相關的重要實證研究有四個。第一個是Granvold（1977）針對德州公共福利部門的員工所做的督導領導風格研究,他從該部門隨機抽取了一百零八位督導者,根據其服務領域分成三組:財務服務、社會服務和支持服務。該研究指出,雖然在三組中,社會服務組的督導者的教育程度最高,最多人擁有碩士學位,但所有組的督導風格相近（Granvold, 1977）,也就是說,教育程度對督導風格的形塑並無顯著的影響,在督導者一職的儲備上,正式的專業訓練是最不重要的因素。Granvold（1978a, 1978b）還發現,在社會服務組中,督導者所考慮的事（督導者有可能在督導關係中感受到相互信任、尊重和溫暖的程度）與激勵社會工作員自主性、負責、主動創新、參與機構運作和獨立決策等督導程序,呈現正相關。他也發現組織結構與督導程序之間的正相關,督導程序包括:以定期正式的會議進行督導、以書寫的方式與被督導者進行溝通、透過追蹤記錄檢討機構效力,以及進行有關工作

時間的調查。

　　第二個研究是，Dendinger與Kohn（1989）修正督導技巧問卷表（Supervisory Skills Inventory, SSI），該問卷表原本是用來評估商業與工業界督導者的一般技巧。他們將 SSI 發給五十位社會工作督導者和兩百三十八位被督導者，這份確認有效的工具包含十二個項目：設定目標、規劃和組織、指導與授權、問題解決、落實工作規則、和員工相處及支持員工、設備維修、建立團隊、給予安全感、績效考核、訓練與輔導，以及壓力處理。我們可以從 SSI 獲得的資訊包括：對效力的評價、對檢討改進的熱衷、對負面回饋的處理、與他人相處的狀況，以及對組織的承諾。SSI 可被用來評估社會工作督導者的優勢，確認其需要改善的領域。

　　第三個是 York 與 Hastings（1985）針對北卡羅來納州（North Carolina）三個郡的社會服務部門的所有員工（N = 172）所進行的研究，他們發現，支持性督導的效力並不會因為工作者的成熟度愈高而增加。最後一個研究，York 與 Denton（1990）針對一個未具體說明的州，以郵寄的問卷測量九十三名社會工作員，受測者被要求為他們的督導者的整體表現評分，並描述這些督導者展現二十種領導品質的程度有多高。結果顯示社會工作員工作績效的主要預測值是督導者的溝通技巧。

督導者的發展階段

　　研究社會工作督導者發展階段的文獻非常少，這一節的某些構想只好依據臨床督導者之發展的相關文獻來進行。在心理治療方面，有四個發展完備的督導者發展模式，分別說明如下。

　　第一個模式是 Alonso（1983）所描述的督導者生涯的三階段：初學生涯、中期生涯及晚期生涯。在每一階段中，督導者都有三個要努力的重點：與自我（self）及認同的內在心靈關係、在督導者與被督導

者之間的人際關係、在督導者與管理高層之間的社會政治關係。Alonso（1983）深信，督導者在其整個專業生命中能夠成長，也應該成長，當然，這必須要有清楚的目標與使命。每一個階段都將出現衝突，因此督導者與被督導者之間的合作是必要的。

第二個模式是由 Hess（1986, 1987）所提出，這個模式也包含三個階段：起始階段、摸索階段，以及督導者角色認同確定階段。在起始階段，督導者試著調整自己，從第一線社會工作員的角色轉移到督導者的角色，本書第五章對此種角色轉變有詳細的討論；在摸索期間，督導者在度過調適期之後，開始認真地將督導視為有意義的工作；到了角色認同確定階段，督導者對自己所扮演的督導角色有了堅定的認同，並且聚焦在被督導者的需求。督導者在這三個階段的發展過程中，歷經三個焦點的變動：先從自我逐漸轉移至工作過程，最後再從工作過程轉移至他人。能抵達角色認同確定階段的督導者，會變得沈著穩重且考慮周到，既是被督導者的良師，也是益友。

第三個模式是由 Stoltenberg 與 Delworth（1987）所提出的督導者發展的四級模式（four-level model）。第一級的督導者往往會有比較高的積極性，但對上級的依賴也會比較大，他們對自己需求的關切會大過於對被督導者與案主需求的關注，此時，他們的自信和技巧都還不夠；進入到第二級，督導者會在自主性與依賴之間掙扎，而面臨大量的衝突與猶豫；到了第三級，督導者開始發現如何在自我與他人之間取得平衡；能達到第四級的督導者通常是所謂的「師傅級的督導者」（master supervisor），或稱為「督導者的督導者」（supervisors of supervisors），他們的實務技巧和服務品質可以順利地整合。從第三級進展到第四級的速度非常緩慢，通常需要一段很長的時間。

第四個模式是 Watkin（1990, 1993）提出的督導複合模式，他將督導者接受其督導者角色的過程分成四個階段：角色衝擊、角色恢復與轉移、角色穩固，以及角色掌握。在角色衝擊階段，還是新手的督導

者必須面對自己的不足，會比較焦慮且缺乏信心；在接下來的恢復與
轉移階段，督導者會稍微感覺比較好過一些，但還是感到自己有所不
足；在第三階段中，督導者的角色漸漸穩固，其信心也漸增，知道要
如何運用督導的技巧，以及平衡自己的需求；在最後階段，督導者能
確切掌握自己的角色，在技巧運用、服務品質和責任履行上，都變得
更加熟練與穩固。

　　有鑑於以上所提到的這四種督導者的發展模式非常類似，Heid
（1997）提出了督導者終生發展的整合模式，她所設定的基準線如下：

　　1. 具備專業認同。
　　2. 具備稱職的信心與能力。
　　3. 專業自主性。
　　4. 健康的自我崇拜需求。
　　5. 均衡地關注自己和關注他人。
　　6. 承認在督導關係中無法避免的權力落差。
　　7. 瞭解督導者對被督導者的影響。
　　8. 切實瞭解自己的能力與優點（Heid, 1997, p. 147）。

　　根據上列基準，Heid（1997）也有系統地整理了構成督導者整體
發展的十個部分：

　　1. 作為督導者的認同感。
　　2. 擔當督導者的信心感。
　　3. 自主或依賴他人的程度。
　　4. 與被督導者之間的權力以及職權的行使（包括評價被督導者的
　　　方法與過程）。
　　5. 組織能力、彈性及處遇變通的程度。

6.關注被督導者或自我的需求。

7.個人投入在被督導者與案主成效的程度。

8.對督導關係及督導過程的強調與運用。

9.對自我在督導關係上和督導過程中之影響的覺察度和評估程度。

10.對於勝任能力與限制的實際評估程度，連同對個人的議題、偏見與反移情反應的覺察與抑制（Heid, 1997, p. 147）。

Stevens、Goodyear 與 Robertson（1997）曾探討督導者的經驗（年資）和訓練（正規教育），對督導的立場、重點和效率的影響。當前的想法認為（Hess, 1987; Watkins, 1993），一旦督導者有所發展，他們往往能提供被督導者比較多的支持，展現較高的自我勝任感，也比較不會吹毛求疵和固執己見；經驗和訓練，與督導者自我勝任感的改變呈正相關。Stevens 等人（1997）的研究結果顯示，特別受過督導訓練的督導者，在督導工作上比較具支持性、比較不吹毛求疵和固執己見。因此，光看工作經驗或年資，似乎不足以保證督導者的發展程度。

總之，無論督導者喜不喜歡，他們都必須經歷過幾個發展階段：在起始階段，督導者必須面對從第一線實務工作者轉變成督導者的角色轉換；當督導者開始履行管理職責時，他們就成為服務的管理人；當督導者調整自己去適應管理的工作，並且在管理責任與專業責任之間取得平衡時，他們就成為成熟的督導者；在最後階段，督導者已經可以得心應手地回應被督導者的個人需求與情緒。

被督導者的發展階段

被督導者也要經歷不同的專業發展階段。在第一階段，剛入門的被督導者經歷職前訓練，在建立工作模式與掌握專業實務基本技巧的同時，產生很大的焦慮，在此階段，督導者應該首先提供情緒支持，

好讓被督導者感到安全自在，否則被督導者將不會敞開心胸迎接成長的機會。例如督導者應該鼓勵被督導者多發問，不因自己覺得問題蠢或有所冒犯就不敢開口，而是應該提供日常服務所需之資訊；在第二階段，完成職前訓練的被督導者成為自主的社會工作員，其發展也從依賴階段進入到獨立階段，在實務工作上有高度的自主性；在第三階段，督導者必須協助被督導者成為服務團隊中的一員，此時被督導者從獨立的發展階段進入相互依存（interdependence）的發展階段；在第四階段，被督導者藉著督導者的協助，熟悉實務工作的直接服務技巧，發展專門領域，通過此專業的發展階段，工作滿意度和士氣都會增加；在最後階段，督導者應該思考被督導者未來成為督導者的可能性，並針對這樣的發展做準備，也就是除了考慮被督導者的專業或行政管理方面的因素，也要考量其個人未來的志向與抱負。

督導過程的發展階段

　　本節採用Shulman（1993）的社會工作督導互動模式作為討論的架構，在其《互動督導》（*Interactional Supervision*）一書中，Shulman勾勒出督導的四個階段：預備階段、開始階段、工作階段及終止階段。

預備階段

　　預備階段為督導者與被督導者之間的關係奠下基礎，Shulman（1993）主張，督導者最重要的技巧是「調頻」（tuning-in），也就是發展一種為被督導者設身處地著想的初步同理心。為了要「調對頻」，督導者必須熟悉被督導者的背景資料，包括其價值觀、文化、態度、專業知識、習慣，甚至嗜好。督導者不應該一開始就從「應該如何」（where the staff should be）來要求被督導者要如何如何，而是要從被督導者的「立足點」（where the staff is）瞭解開始，亦即督導者不應

該將某些技巧視為理所當然,或者有不合理的期待。為達此目標,督導者應該直接針對議題,與被督導者進行坦率的溝通。

開始階段

在開始階段,最重要的議題是建立起督導者與被督導者之間的協議與相互信任,其形式可以透過書面的督導契約或口頭的協議來達成。Shulman(1993)建議,督導者要分享自己的想法、說明督導者的角色、收集被督導者的回饋,並且討論相互之間的義務與期待。督導契約訂定的脈絡比內容更重要,缺乏督導者與被督導者之間的信任關係,督導契約就只是一份沒有意義的文件。有關訂定督導契約需要注意的種種脈絡,詳見第四章的討論。

工作階段

工作階段是督導過程的核心階段,所需要的技巧包括:開會的調頻技巧、開會的締約技巧、鼓勵被督導者說明問題細節的技巧、同理心的技巧、分享感受的技巧、果斷的技巧(用以提出要求和指出障礙)、分享資料的技巧,以及結束會議的技巧(Shulman, 1993, pp 79-133)。

開會的調頻技巧

在預備階段的調頻技巧也可以運用在工作階段。根據Shulman(1993),調對頻的本質不是規避問題,而是面對問題,督導者必須聚焦在被督導者已經遭遇到的具體問題上,那也許是為員工帶來不便或工作壓力的某項組織政策,這些問題不該被擺在督導會議的議程後面,而是要成為焦點討論的主題;焦點討論讓被督導者能表達其潛在的感覺並處理憤怒。此過程讓督導者與被督導者能發展出相互的信任與有效的溝通。當然,雙方必須以誠摯的態度與正向的動機面對彼此,

進行討論。

開會的締約技巧

在督導會議中，雖然可以透過督導契約來決定督導的目標、角色、責任、形式和結構，但每次的督導內容還是要視每次的狀況，取決於督導者與被督導者雙方的共識，督導者應該將已經排好的議程視為暫時性的規劃。前十五分鐘討論比較緊迫的議題會比較清楚，緊急事項可以排入議程，或放在督導會議的最後部分討論。在討論期間，除非督導者確切瞭解被督導者對問題的感覺與想法，否則督導者應該克制自己，不要立即對被督導者所提的問題給出解決之道。在督導過程中，最重要的不是技巧，而是誠意。督導者職權的行使，必須維持而非堅持。在大部分的情況中，傾聽比給予建議或資訊更加重要得多，特別是當督導者所面對的被督導者是第一線經驗豐富的社會工作員時，尤為如此。督導者必須是好的傾聽者，否則其建議將受到被督導者在心理上很大的抗拒。

鼓勵被督導者說明問題細節的技巧

Shulman（1993）提到，為了鼓勵被督導者闡述其所提出之議題的細節，督導者應該發展五種技巧。第一種技巧是從一般性議題轉換到特定的主題，就像臨床情境中的諮商者，督導者要先傾聽，然後探問「什麼問題」（what）、「問題何以發生」（how）、「何時發生」（when）、「與誰有關」（who）、「在哪裡發生」（where）；第二種技巧是自我克制，當督導者在傾聽並試圖完全瞭解被督導者所提出來的議題時，督導者要克制自己的行動，保持安靜；第三種技巧是有焦點的傾聽（focused listening），督導者必須聽到被督導者的主要關切是什麼，並試圖分擔被督導者的情緒感受，並充分瞭解關鍵議題，以及被督導者對該議題的反應；第四種技巧是發問，以獲得更確切的資

訊，被督導者有時會提出令人意外的問題，此時發問也可以是好的回應，只要善用發問，提問也可以協助督導者收集資訊、提供支持，並給予指示；第五種技巧是適時保持沈默的能力，傾聽者的沈默意味著不滿足訴說者所給出的答案，或需要更多的資訊，沈默也可以作為促使被督導者繼續對話的策略。

同理心的技巧

　　同理心是社會工作員最重要的和必備的品質之一，督導者應該對被督導者能感同身受，並且消除任何有礙於同理回應的障礙，然後督導者才可能觸及、承認及明確而有力地表達出社會工作員的感受（Shulman, 1993）。督導者不需要假裝自己是強人，不需要與員工保持距離，而應該主動表達對員工的關切。當被督導者分享其感受時，督導者的回應必須自然，也就是必須瞭解「生成」（becoming）與「存在」（being）之間的差別，生成視萬事萬物皆為自然過程，而存在則視一切為必須完成的任務。此外督導者應該要解釋清楚，專業的獨立自主並非絕對必要，專業的相互依存更非羞恥。再次提醒，記得從員工的「本然面」開始，而非其「應然面」。承認被督導者的感受，再次保證其反應是自然的。最後，假如督導者總結被督導者所面對的處境，也許會更有幫助，這樣的表達將讓被督導者有受到督導者同理的感覺。根據作者的經驗，被督導者對這種被接受的情況會非常感激，他們會把你當作有人情味的督導者。

分享感受的技巧

　　督導既是專業實務，也是個人作為。為了分享感受，督導者必須是「真性情的人」（a genuine person），督導者應該表達自己的希望和恐懼，有歡笑、有淚水。千萬別強迫你的被督導者對你吐露心事，而是你要主動分享你的感受，這樣的作為才能讓被督導者敞開心胸，真

誠相待。督導者可以像普通人一樣，表露自己的脆弱，對於不公平或不合理的情事，也可以適時表達憤怒，讓被督導者瞭解，督導者也是真性情的人。有效的督導者必須接受兩種相互衝突的角色：第一種是提供員工溫暖的情緒支持；第二種是確保員工達到預期的工作表現。督導者不一定要完美或被喜愛，他們也會有優缺點，必須在個人認同與專業認同之間取得平衡。

果斷的技巧：用以要求工作

由於社會工作督導的終極目標是提供有效的服務給案主，督導者就必須監督被督導者的工作進展。為了確保並且監督工作的完成，督導者所提出的問題應該要明確，必須注意要員工符合工作的要求，很重要的是，要有設定底線的技巧，好讓被督導者明白其所背負的期待與要求。給出一系列的問題，將有助於釐清被督導者的困難、動機與感受。

指出障礙的技巧

可能有些敏感的議題，會妨礙督導會議的進行。最常見的問題是，在服務性組織內部的督導者與被督導者之間權力的落差。但督導者應該要留意，有很多議題是屬於被督導者的私人生活。另一個技巧是聚焦在工作表現上，而非人格上，否則可能會侵犯被督導者的人權。假如督導者必須鼓勵被督導者在工作上加把勁，就要明確設定預期達到的工作成果，並釐清員工可利用的資源。

分享資料的技巧

提供有用的資訊，使得被督導者在工作上有好的績效，這是督導者的職責之一。重要的是，在分享資料互相討論時，要讓被督導者有被鼓勵發問的感受，否則就無法有充分的溝通與真誠的討論。先前曾

經提過，資訊的支持與情緒的支持同等重要。研究發現和實務經驗都顯示，協助被督導者解決處遇上的問題，是最重要的支持形式。

結束會議的技巧

一如Shulman（1993）所觀察，結束一場督導會議是一門藝術，督導者應該針對已經討論的內容做出總結。討論內容也許只是一些工作上的指導方針，督導者必須指出接下來要達到目標所需要採取的執行步驟。假如被督導者所提出的議題需要具體的實務技巧，安排預先演練可能會有幫助。最後，督導者要警覺到「臨別語驚人」（doorknob）的溝通，也就是被督導者在督導會議結束之際突然提出重要的議題，出現這樣的溝通，也就意味著有必要重新安排督導會議的形式、結構和議程。

終止階段

在終止階段，督導者總結整個督導過程的不同階段，並說明被督導者已經學習到什麼、是如何獲得成長的。此外，督導者應該對被督導者的優勢與弱點給出評論，好讓被督導者在面對未來挑戰時，做好知己知彼的準備。

針對那些因為升遷、進修、辭職或退休而離開現職的被督導者，督導者應該安排最後的面談（或離職面談）。督導者應該總結雙方共事以來所共同努力的成就，並且表達對於這段督導關係終止的感受；即使是最有自信的被督導者，對於分離及未來的不確定性，或多或少都會焦慮。督導者也應該對被督導者在督導過程中所投注的努力，表示肯定與感激。這樣的表達與相互討論，為督導者與被督導者雙方的未來，提供另一個重新開始的基礎。

督導者與被督導者之間的關係：人際關係的心理分析

在有名的著作《我好，你也好》（*I'm OK, You're OK*）一書中，Harris（1967）以溝通分析的概念，將人類的自我狀態分成父母（parent）、成人（adult）和兒童（child）三種。根據 Bennett（1976）的觀察，父母代表標準與規範，在這種自我狀態中，人類的心智會聚焦在「應該要怎樣」及「要如何才可以」上；在成人的自我狀態中，心智會根據現實環境處理資料、評估可能性，然後進行決策；在兒童自我狀態中的人，與世界的關係會比較情緒化，他們要求立即性的滿足、舒適，並且「接受」多過於「付出」，他們希望被他人喜愛與照顧。

從溝通分析角度來看，我們也可以指出三種督導者與被督導者的關係。當督導者與被督導者的關係屬於「父母」與「兒童」的樣態時，督導者支配所有的決策，被督導者只要聽命行事即可，在這種情況下，被督導者將可能無法達到專業自主，也無法培養稱職的實務能力。Atherton（1986）建議，督導者與被督導者的關係應該採取「成人」對「成人」的樣態，相互信任與尊重，讓雙方都保有尊嚴。Atherton 還建議，傾聽非常重要，因為它是表露同理心、溫暖與支持的一種方式，是指出督導關係的狀態最有效的指標。

移情常常會在督導者與被督導者的互動中發生，督導者應該對那些不相干的想法與感受小心謹慎。Atherton（1986）建議，督導者應該思考一個簡單的問題：「被督導者對於此時此刻的『督導者—被督導者』關係會有什麼看法？」思考這個問題時，督導者可以參照「父母—小孩」、「老師—學生」及「個案工作者—案主」的相對關係來思考。督導者必須對發生移情的可能性提高警覺，因為移情雖然也許能讓督導者與被督導者建立起密切的關係，但也可能妨礙專業的成長與行政的責信。

團體督導

與團體督導有關的活動很多，包括計畫會議、團隊會議和個案討論會議，團體督導是透過團體情境和過程來執行督導的三個功能：行政、教育與支持（Brown & Bourne, 1996; Kadushin & Harkness, 2002）。團體督導不僅強調督導內容的特定性與敏感性（Brown & Bourne, 1996, p. 145），也強調情境脈絡的特定性與敏感性。例如華人社會工作員傾向透過團體督導在工作成員之間取得共識（Tsui, 2001）。

團體督導是僅次於個別督導會議，第二種最常見的督導形式（Kadushin, 1992b; Kadushin & Harkness, 2002; Ko, 1987），但在督導者決定使用團體督導之前，必須思考以下由Munson（2002）所提出的問題：

1. 這場會議將被定義為「督導會議」或是「同儕諮詢會議」？
2. 可以用什麼方法降低實務工作者在團體督導中坦言的焦慮？這種源於擔心坦言會不會有什麼後果的焦慮，要如何處理？
3. 如何處理團體中的競爭狀況？
4. 當團體成員中有人太多話或過度沈默時，要如何處理？
5. 當團體成員的背景、技巧和程度殊異時，要如何處理？
6. 在團體督導中，要如何兼顧個案的監督？
7. 與個別督導相較之下，團體督導有什麼優點？
8. 要如何掌握及處理移情與反移情的狀況？
9. 要使用什麼技巧，以順利啟動督導會議？
10. 在團體中，誰將接受督導？
11. 團體督導的這個團體要設定多大？
12. 什麼日子、什麼時間適合團體督導會議？
13. 對團體所設定的限制是什麼？如何呈現這些限制？
14. 有人抗拒團體督導時，要如何處理？

15.該團體對於機構或組織的其他人會有什麼影響？

16.誰負責設定議程？

17.團體中會有幾位督導者？

18.將使用多少團體？

19.建立某團體的主要目的是什麼？

20.團體督導的目標與個別督導的目標將如何不同？

21.督導者在團體督導中與被督導者的互動方式，與在個別督導中的方式將會有什麼不同？

22.督導者要如何組織起督導的團體？

23.如何建立回饋的管道？

24.如何培養對團體的支持與認同？

25.什麼是會議記錄的重點？要記錄多少？

26.假如必須在團體督導中避免治療，要如何避免？

27.如何善用團體改善工作關係？

28.督導者應不應該提到個案？

29.對於粗劣的報告要如何處理？

30.該次的團體督導是否有時間限制（Munson, 2002, p. 203）？

根據Brown與Bourne（1996），督導者在決定採用團體督導之前，必須確定之前所提出的問題已獲致解決之道。為了進行團體督導，督導者應該要清楚團體督導的界限，包括時間持續多久、多久一次、是否定期舉行、團體成員有誰、出席的條件、保密規則，以及個別差異。在團體督導會議中，督導者是團體的領導者，必須掌握會議的議程與討論的內容，也必須建構一個鼓勵員工參與的機制，在團體督導的過程中，每位成員應該被指派不同的任務，發揮不同的作用，例如可以邀請經驗豐富的第一線社會工作員，在團體中與其他成員做經驗分享。

在團體督導會議中，督導者必須規劃一個結構，用以設定焦點且

有智慧地善用時間，釐清討論的內容，並且鼓勵員工參與、促進互動。從過程促進的角度來看，重要的是要清楚是誰在督導什麼事情：

1. 督導者在一團體（團隊）內部進行個別督導。
2. 由整個團體（團隊）進行個別督導。
3. 由督導者督導整個團體（團隊）。
4. 由團體（團隊）自行督導自己（Brown & Bourne, 1996, p. 150）。

　　要再次強調的是，以上任何一種選擇都有其不同的重點，而且每一種重點也可能會隨著團體的進展而有所改變。與個別督導比較起來，團體督導像一個論壇，要考慮使用的方法也就更多，例如角色扮演、小組討論和腦力激盪。

　　看起來團體督導似乎是督導社會工作者的有效形式，但既然有優點，就難免有缺點，Brown 與 Bourne（1996）將其優缺點總結如下：

團體督導的優點

1. 是一個經驗多種學習的好機會。
2. 是一個讓被督導者分享經驗的機會。
3. 獲得情緒支持。
4. 在多數的情況下，被督導者會有安全感。
5. 在與他人的對照下，有機會與他人比較自己的實務經驗。
6. 有助於促進團隊或團體的凝聚力和認同。
7. 讓督導者有機會在不同的關係中看待被督導者。
8. 讓督導者有機會注意到源於個別單位、方案或團隊，及與其有關的潛在問題。
9. 讓督導過程中的責任、功能和角色，分開授權由一群人分擔。

10. 透過同儕的影響，更有可能引發行為的改變。

11. 被督導者可以將督導者視為角色模範，直接觀察與學習。

12. 在團體中所發展的信心與技巧，可轉而運用在服務使用者身上。

13. 逐步讓被督導者對督導者的依賴，轉移至對同儕的較少依賴，最終達到自我信賴。

14. 透過同儕之間橫向的教導、學習與支持，達成更大的充權（Brown & Bourne, 1996, p. 162）。

團體督導的缺點

1. 為了維持多數人可以討論的相關性，對於那些特定而緊急需求的討論通常只能點到為止。

2. 團體可能引發同儕競爭，阻礙督導過程。

3. 與個別督導相較之下，新進人員較難以進入督導的團體中。

4. 讓個體比較容易隱身於團體中，規避參與研究、問題解決與決策的責任。

5. 容易發生批判性的回饋（假如信心不足，會抑制討論）。

6. 督導者比較容易受到攻擊，比在個別督導中更需要自信。

7. 有助於某位成員的溝通與處遇，可能會為其他成員製造問題。

8. 在鼓勵專業自主的同時，督導者也許會發現，團體督導中的討論難以聚焦，無法有生產性的對話。

9. 督導者將必須取得或更新他們在團體工作方面的知識，包括團體互動、團體動力和個人行為。

10. 督導者必須兼顧個人與團體。

11. 在有高度凝聚力的團體中，服從團體想法與態度的壓力，可能會產生不良後果（Brown & Bourne, 1996, p. 162）。

　　總之，團體督導是補充被廣泛使用的個別督導的不足，有時候是兩者互補。然而督導者與被督導者要能從督導過程中受益，則有賴於雙方願意開放自己。

9

督導會議的規劃與準備

本章探討如何準備與安排督導會議。由於準備督導會議是基本的例行性工作安排，有些細節和技術性的問題被忽略，但構想不周全、準備不充分的會議，將有礙社會工作督導目標之達成。督導會議的準備工作包括：物理環境、督導契約、開會議程與會議記錄、會議持續的時間與開會的頻率、會議討論的內容，以及其他考量與限制。

物理環境

社會工作督導的物理環境脈絡包括督導的地點與座位的安排，這在第四章有詳細的討論。成功的物理環境安排要考慮四C：舒適（comfort）、保密（confidentiality）、溝通（communication）與一致性（compatibility）。

舒適自在的物理環境，能讓置身其中的雙方暢所欲言，感覺自然，彷彿在自己家裡，可以提高安全感，有助於雙方交換意見。構成舒適自在的物理環境的要素包括：宜人的溫度與濕度、沒有噪音，並且保有足夠的隱私。

保密指的是令人滿意的隱私程度，為了讓督導者與被督導者能討論敏感的專業、人事甚至是個人議題，物理環境的安排應確保與案主相關之資訊的安全性。提供令人有隱密感的物理環境，符合社會工作員專業倫理守則中的價值。在督導會議中，針對案主生活處境的討論

有嚴格的限制，其目的必須是確保和促進對案主的服務品質，在服務性組織中也有相關的組織政策和程序，以確保案主資訊的保密。在討論與同事相關的敏感事務時，保密不僅絕對必要，而且因為它是對工作夥伴的保護與尊重，所以也是一種道德承諾。最後，在討論個人事務時，保密可以確保被督導者的隱私，也許能促使員工願意表達自己的感受。

溝通指的是，在督導者與被督導者之間清楚開放地交換資訊與分享感受，適切的物理環境對此有促進的作用。在督導會議中，應該盡量杜絕電話與其他員工的打擾，好讓督導者與被督導者能保持專注。

一致性指的是，物理環境的安排要能反映出組織的宗旨、結構、程序與文化。因為督導是組織體系的一部分，必須符合組織的宗旨。例如擔任某非行青少年外展工作團隊的組長說到，他經常鼓勵其員工開門見山，做隨興與非正式的討論，他之所以這麼做，是因為該組織的理事長偏好這種風格的督導方式。組織文化對督導的形式有強烈的影響，即使是在物理環境的安排上也是一樣。

督導契約

在開始第一次的社會工作督導會議之前，應該先建立一份督導契約，無論是口頭約定或書面合約都可以，如果沒有事先建立契約，督導者與被督導者之間的期待、界限與目標就無法取得共識。由於在督導會議中協調雙方的差異非常困難，必須在督導過程開始之前取得上述共識。根據 Powell（1993），契約為督導者與被督導者雙方提供實際可行的工作，並且藉由責任義務的釐清，降低容易焦慮的被督導者的不安。為了建立良好的指導關係，必須達成以下目標：建立信任與尊重；評估被督導者的實務知識與技巧、經驗，以及訓練需求；共同訂定行為規範的協議，為督導會議建立基礎規則；設立學習目標。此

外，督導者必須對知識基礎、學習型態、概念技巧、工作環境的適當性，以及被督導者的動機，有相當程度的熟悉。

　　Brown 與 Bourne（1996）主張，督導契約應該考慮到九個要素：關係的本質、督導的形式、責信、重點、計畫的時間表、保密、設定議程與會議記錄、價值，以及評估。根據 Osborne 與 Davis（1996），督導契約必須提及六個議題：督導的目標、服務的脈絡、評估的方法、職務與責任、程序中需要考慮的事，以及督導者的權限範圍。Fox（1983）認為，督導過程中所設定的目標要具體、明確、可行、實際、可能達成、瞭解限制、與規劃的工作相關、可修正，並且具有先後順序，才能有效益，他提出「目標集中的督導契約」（goal-focused supervisory contract）的構想，這樣的契約能反映出以下四個重點：(1)成熟專業的態度；(2)紮實的知識基礎；(3)理性的決策；(4)對需求的基本瞭解與評估；(5)注意學習的動機、共同承擔的責任、能力評估的根據，以及發展獨立技巧的必要性。

　　為了確認督導者的知識與技巧是否與被督導者的獨特需求相符合，Fox（1983, p. 39）建議雙方思考並回答以下問題：我們對彼此的期待是什麼？我們可以給對方什麼？我們的目標是否相同？我們要如何達成這些目標？現存的限制是什麼？我們如何知道何時已達成目標？以下將對這些問題做進一步的審視與說明。

我們對彼此的期待是什麼？

　　在第一次的督導會議之前，督導者與被督導者應該說明對彼此的期待是什麼，這些期待將是督導過程中，雙方合作與產生共識的必要基礎。期待的釐清應該要盡可能的明確與具體，但在討論期待之前，督導者與被督導者也許會希望先討論形塑出這些期待的價值與經驗。在討論中，督導者應該先主動展現其開放與坦言的誠意，這將為被督導者鋪路，提高自我揭露的可能性，這也是打破僵局的好策略。在督

導者與被督導者分享其信念與經驗之後，督導雙方將發現更容易表達他們對未來督導會議的期待。要注意的是，督導者不應該為了讓被督導者坦白而對其施壓，有些被督導者需要時間，以建立對督導者的信賴。

我們可以給對方什麼？

督導者與被督導者應該瞭解督導過程中的「給與取」的動力。督導絕對不應該是一個單向的過程，督導會議也不只是簡報會議或工作報告會議，督導雙方都有貢獻的責任，有學習的權利。這種水平式的觀點與傳統的科層觀點反向操作，後者總是要求被督導者對督導者負責，但前者強調專業的同儕關係，督導者與被督導者雙方必須有備而來，有能力進行交流，這些交流包括各自的經驗、想法及關切的事務。過程中密切的人際互動，為督導關係奠定基礎。

我們的目標是否相同？

沒有清楚的定義與看法一致的目標，督導會議就無法順利地進行。事實上，督導的方向可作為督導者與被督導者雙方在專業發展上的重要方針（假如雙方都願意達成有效的督導）。督導者與被督導者之間有共識，對於案主處遇有一致的目標，才能確保案主的利益。假如督導者與被督導者發現彼此的目標不同，就必須坦然地討論這些差異，雙方都要有包容的態度，並且尋找共同的基礎，以發展出不犧牲個人觀點的共識（而不只是妥協）。

我們要如何達成這些目標？

督導會議有共同的方向不必然能確保其成功，強調「如何達成」的有步驟的計畫也是不可或缺的。有步驟的計畫應該指出以下要點：督導的形式、督導會議進行時間的長度與舉行的頻率、必要的準備工

作、善用督導會議中的時間，以及督導者與被督導者的角色。一如
Brown 與 Bourne（1996）所指出的，關於督導會議持續的時間、舉行
的頻率及彈性等事項的安排，在技術上有許多細節必須注意，最重要
的是，督導會議的時間安排要定期，間隔要規律。也應該讓被督導者
知道當他們需要的時候，都可以找得到督導者，這不但會讓被督導者
有安全感、感覺被支持，也可以提升第一線社會工作員在處遇過程中
的信心。定期安排的督導會議能夠反映督導者對被督導者專業發展的
用心，這要長時間來看，而不是根據危機處理或特別事件。督導會議
的時間表一經排定，就應該維持下去。

現存的限制是什麼？

督導實務操作的重點是實事求是，不是在真空中，而是在組織的
脈絡裡，所有的社會工作員，包括督導者和第一線社會工作員，都要
面對形形色色的限制，有些是來自組織，例如缺乏資源；有些則可能
來自於工作的大環境，例如不同服務組織之間激烈的競爭。雖然我們
可能無法消除這些限制，但也許可以在督導的過程中指出這些限制，
並以比較實際的、比較有效的方法回應。

我們如何知道何時已達成目標？

在目標設定之後，督導者與被督導者必須建立評價標準，以衡量
是否達成目標，並在處遇的過程中，定期檢視進度中的成果。在評價
之後，督導者應將注意的焦點放在改進措施上。

在某些文化中，督導者與被督導者可能會對書面的督導契約感到
不舒服，因為那可能被他們視為互相不信任的作法。在此情況下，口
頭約定也許可以作為督導的契約，但同樣應該建立督導會議的目標、
期待、權利、責任、形式、持續時間與頻率。這樣的安排非常重要，
因為它為督導的程序建立有系統的規劃。通常當協議的內容交由被督

導者草擬時，其自主性的感受與積極性會增加。由於督導關係是一種
夥伴關係，督導者應該要有機會對協議內容加入自己的想法，但千萬
別在沒有被督導者的同意之下，擅自刪除任何項目，以保障被督導者
提出任何其所關切之事務的權利。

　　在美國，督導契約被用來為督導實務建立一些明確而直接的正式
聲明，包括督導的目的、功能與形式。在美國討論督導議題的相關文
獻中強調，督導者與被督導者之間必須建立一份清楚的、目標取向的
契約（Fox, 1983; Kaiser, 1997; Munson, 2002）。根據 Kaiser（1997）的
解釋，透過督導的契約，督導者與被督導者之間能建立起相互的瞭解、
通力合作以解決案主的問題，並且決定評價的判準。Fox（1983）強
調，在權力關係不平等的情況下，藉著督導契約釐清潛在的意見分歧，
也可以保障被督導者的自主性。Fox（1983）與 Kaiser（1997）都為督
導契約的發展提供清楚的架構與指導方針，督導契約應該具備的相關
資訊包括督導的結構、程序、標準、保密、先後順序，以及回饋系統。

　　在美國，有些督導者除了使用一般的督導契約，還會再建立特定
的「會議契約」（sessional contract）（Shulman, 1993），描述在下一
次督導會議之前必須要完成的工作，雖然這些契約很少訴諸書面文字，
但督導雙方對於所約定的事項都有清楚的瞭解（Munson, 2002）。在督
導的契約中，對於會議的頻率、長度及時間安排的計畫表，以及學習
的方法，都有清楚的說明（Kaiser, 1997）。Granvold（1978a, 1978b）
發現，北美的督導包括：定期、正式的討論會議；以書面的方式與被
督導者進行溝通；透過後續追蹤的記錄檢討機構的效力，以及對工作
完成所需之時間進行研究調查。當然這些體制化的措施可能會被督導
者用來當作控制部屬的手段，但由於機構對每位員工的職責與工作執
行的實務方法往往已經有妥善的規定，督導者就不太可能干涉第一線
社會工作員的直接實務工作，因為這類的措施可以降低公私不分的督
導關係，避免在督導過程中造成個人攻擊。

　　影響社會工作督導的形式與頻率的因素包括：組織政策、服務環境的性質、任務，以及被督導者的經驗與態度。例如在安置機構的環境中，工作人員的工作時間屬於輪班制，所以比較難讓每個人齊聚一堂進行團體督導，但是小組單位還是需要舉行類似的會議，以討論那些會影響單位中每一位工作者的議題，而且要盡量安排讓每位工作者能參加每週一次的督導會議。在有些工作環境中，工作人員的年資在決定督導的形式上，也許會是決定性的因素。Carrie 是某兒童及青少年中心的負責人，她告訴作者，她在思考要如何決定督導會議的形式時所考量的因素，包括工作人員的年資、人格及性別。

> Carrie 說：「依照不同工作人員的人格與性別，會有不同的重點。對那些性格強烈的工作者，就採取非指導性的方法。身為女人，我覺得和女人會比較好談，像肢體的碰觸就比較容易，但督導男性部屬就比較困難，男性被督導者會覺得，難以認同一個女性督導者的想法，而較老練的員工，也會質疑督導者進行督導會議所使用的方法。發生這些需要處理的狀況時，我會向我的督導求助。」

開會的議程與記錄

　　每次的督導會議都要有針對該次會議的議程，列出討論主題，以平衡督導者與被督導者之間的權力關係，在保留督導之職權的同時，也保障被督導者的自主權。

　　至於督導會議的記錄，只要願意，督導雙方都可以做自己的筆記。這些會議記錄，可以作為行政工作、專業發展或草擬後續行動的重要參考，內容可以包含行政指示、專業建議或員工發展進修之要求。此

外，這些記錄也可以提供工作考核所需之寶貴資料，然而督導者與被督導者卻不應該將督導會議專門用於工作考核，那會使督導會議的氣氛很僵，變得政治性，因此工作考核的會議應該另外舉行。當被督導者提及其失誤、軟弱及個人困境時，督導者不應該忙於做筆記記錄下來，而是應該鼓勵被督導者無所顧忌地表達自己的感受。

關於督導會議的議程擬定，可參考以下綱要：

1. 分享對於工作的感受。
   (1)由督導者分享。
   (2)由被督導者分享。
2. 行政報告。
3. 中場休息時間。
4. 與實務工作相關之議題的焦點討論。
5. 臨時動議。

一般會建議督導者寫筆記作為記錄，也鼓勵被督導者針對會議寫一頁報告，在寫報告的過程中，被督導者將重新回想督導會議的過程，進行反思，這樣做可以減輕督導者的工作負擔，提高被督導者的安全感。為了獲得認可，也為了保存記錄，被督導者的報告當然應該交給督導者，讓督導者在必要的時候，有機會加註評語。

會議進行時間的長度與開會的頻率

督導會議的時間因素包括持續多久、頻率及彈性，似乎只是簡單的技術問題，可以輕易處理，然而這些因素卻經常影響到督導關係的發展與品質。Brown 與 Bourne（1996）建議，無論如何都一定要有會談時間，假如在督導時間沒有什麼值得討論，那可能表示彼此缺乏互

信。雖然這有時也會被視為「夠好」的督導，但如果每次的會議都持續發生這種現象，就表示督導的結構或形式有問題。所謂的「臨別語驚人症候群」（doorknob syndrome）（被督導者在督導會議的最後一刻提出非常重要的議題），也就是顯示討論議題設定的先後順序有問題，以及在督導者與被督導者之間可能缺乏有效的溝通。在這些狀況中，並不建議延長督導會議的時間，而是要藉機檢討督導會議的時間長度，以及舉行的頻率，並深入探究督導關係。

個別督導進行的時間長度，最理想的是維持一至一個半小時。前十五分鐘可用來分享對工作的感受，督導者應該率先打開話匣子，豎立開放的典範。雖然不需要毫無保留的坦露，但討論的想法與事情必須真實（或至少是「信以為真」）。在創造氣味相投的氛圍、瞭解彼此的情緒狀態之後，會議的參與者可以用半小時的時間討論行政事務，討論範圍應該侷限在那些在其它會議裡不容易提出來討論的項目。之後，休息五分鐘，喝杯咖啡、茶水，或回個電話。這一小段休息是必要的，因為在正常的情況下，人類的注意力大約只能持續四十五分鐘。休息之後，還剩下最後的四十分鐘，可以討論與處遇相關的社會工作價值、專業知識及實務技巧，討論的主題應該在會議之前由督導者與被督導者共同決定，好讓雙方都有機會事先收集相關的資訊。督導者應該透過這段討論瞭解被督導者所需要的教育訓練，假如督導者無法在督導會議中解決實務工作上的問題，可能需要邀請外部的專家來提供適當的在職訓練，不僅是為了特定的被督導者，也是為了其他有類似教育訓練需求的工作成員。

Brown 與 Bourne（1996）主張，督導會議必須定期舉行，而且讓人覺得值得信賴。此例行性的活動要讓督導者感到有安全感、舒適自在，因為有安全感，人類才有可能敞開心胸改變、成長與發展，社會工作員也不例外。決定督導會議的頻率並沒有什麼金科玉律，而是要依各方當事者的需求而定，包括被督導者、督導者、機構與案主各方

的需求；被督導者的教育訓練需求、督導者該執行的評估、機構的要求，以及案主問題的迫切性，都應該列入考量。通常在臨床的實務工作中，團體督導一個月一次、個別督導一個月兩次就夠了。當然，假如工作人員經驗不足或在工作執行上出現問題，督導者就需要增加督導會議的次數。Payne（1994）發現，新進職員比資深職員接受更頻繁、更多具激發性的督導。

會議討論的內容

　　傳統上，督導會議中討論的內容包含行政與教育訓練上的事務，但應該從一開始就具備支持性的討論氣氛，才能鼓勵被督導者願意接受與溝通。在督導者率先啟動開放的分享之後，被督導者也許就會開始討論其對工作內容或工作脈絡的感受。服務於一所大型公立醫院的醫務社會工作員說：「我和督導者所商議的事情都跟機構政策有關，而和我的案主相關的事務，只有遇到麻煩的時候我才會尋求建議。當我們也可以談論我們的感受時，督導的效果更好。」某位在兒童與青少年服務工作上有六年經驗的年輕社會工作員表達她對督導的感受：「我們經常有時間討論我們的感受，我每次真的都覺得我是在跟一個朋友聊，但我也會提醒自己要理性，她是我的老闆。我對某些事情會有所保留，尤其是當我對計畫的觀點與她的看法不一致的時候，我會特別保留。」

　　實際上，討論的不同焦點取決於社會工作員，一如這位兒童與青少年中心的主任所做的說明：「根據年資、人格和性別的差異，不同的工作人員會有不同的焦點。對資淺的人來說，督導是一個定位與適應的過程；對有經驗的人而言，督導是教育訓練和發展的機會；對於性格強烈的人，就要採取非指導性的作法。」又如某位經驗豐富的學校社會工作督導所做的觀察：「對於新進職員，最重要的是讓他們鎮

定下來，我不在督導會議中處理行政事務，我協助他們處理與老師們的關係，以及在校內的動力，之後，我要求他們草擬一份服務計畫。作為督導，我的職責是協助職員認知自己的優點和弱點，將他們放在團隊中適合的位置，並能在服務機構中生存與發揮功能。不管對新進或資深的職員，情緒的支持都非常重要。」

　　在督導會議中所討論的行政事項，應該聚焦在那些與被督導者有關，但不應該在職員會議或計畫規劃會議中處理的敏感性事務。利用督導會議詳細討論所有的行政工作，是沒有效能與效率的督導作為，討論重點應該侷限在督導者與被督導者需要面對面討論的事項上（例如有關諮商案主的危急問題）。例行性的行政工作可以透過日常的接觸、備忘錄和其他會議等機制來處理，不需要在督導會中討論，會議所進行的共同決策，最好是與被督導者的專業實務相關的事務，假如能堅持這個原則，通常半個小時就足夠。有些督導者會選擇討論處遇的方向與原則，而不討論每個個案的細節，一如某位服務於諮商中心、經驗非常豐富的督導者的說明：「我認為，督導在處理個案上最重要的是釐清倫理和原則，而不是細微的實務技巧。」

　　聚焦在實務議題上的討論，可以發揮教育的功能。在會議之前，應該事先由被督導者建議討論主題，經過督導者的支持與認可，讓督導者與被督導者有充裕的時間收集資料和做好準備。假如督導者對某議題不熟悉，可以請教外部的專家。當有數位被督導者建議在焦點討論中討論相同的主題時，可能就要安排針對職員發展的團體督導會議。

應考量之事項與限制

　　建立督導會議的界限非常重要，一如 Brown 與 Bourne（1996）的提問：「什麼事不適合在督導會議中討論？」這是在契約形成之初就必須考量的議題，督導者與被督導者必須對哪些事務在督導會議討論，

而哪些在其它會議中討論有基本的瞭解。對界限的討論應該考量以下因素：年資、專精領域、情緒狀態、性別與彈性，設定這些界限的基本原則是，瞭解督導者與被督導者之間的差異、尊重多樣性，以及達成共識。

　　最後，我們必須牢記，督導必須是一個有創意、有吸引力、授權和有安全感的過程（Brown & Bourne, 1996）；對於新的點子，應該多給予鼓勵與肯定，讓督導者與被督導者能共同學習與成長；督導也應該是一個讓被督導者在組織中有歸屬感的過程，職員應該有與案主和組織在一起的感覺；督導提供被督導者一個反省實務工作、試圖實現其理想的機會；最後，督導的效應應該會持續很久，對於被督導者的直接實務工作會有很大的影響。

　　一如 Brown 與 Bourne（1996）所指出，督導是一段休息時間、一個安全的庇護所和一個評估狀況的機會。督導也是探索、反省、學習和解決問題的時機。有效的督導不僅讓社會工作員受益，也能改善與案主的關係、促進團隊內部的合作，並且提高達成機構宗旨的能力；這是一個讓被督導者、案主及督導者都受益的過程。

10

社會工作督導研究的現況與水準

社會工作督導相關研究之文獻探討

先前曾經提過,督導在社會工作實務已經占有獨特且重要的位置,也被普遍公認為是決定案主服務品質、專業的發展程度,以及社會工作員工作滿意度的主要因素(Harkness, 1995; Harkness & Hensley, 1991; Harkness & Poertner, 1989; Kadushin & Harkness, 2002)。然而,對於督導實際操作的實證研究文獻卻不足(Erera & Lazar, 1994a; Harkness & Poertner, 1989; Loganbill, Hardy, & Delworth, 1982; Tsui, 1997b)。從研究的目的來看,社會工作實務上的員工督導不像學生的實習督導那樣容易取得研究資料,因為實務上的員工督導往往被嵌置於某個組織脈絡中,外來的研究者不容易進入其中從事研究調查。由於督導者與被督導者之間的科層權力關係以及督導過程中的保密性質,想引出某組織內部關於督導或被督導者的督導情形,是非常需要小心處理與困難的工作。可能因為這些困難,使得社會工作中職員督導的實證研究比學生督導的實證研究要來得少。

如何挑選實證研究之文獻？

　　本書所探討有關社會工作員員工督導的資料，選自一九五○年到二○○二年之間所出版的實證研究文獻，共計三十四篇。當初考量相關文獻的判斷標準有五個：第一，從相關期刊或書中所出版的文獻範圍中挑選；第二，限定在一九五○到二○○二年之間出版的文獻，在一九五○年以前，還找不到社會工作專業期刊的資料庫；第三，文獻的研究焦點必須與服務性組織中的社會工作員督導有關；第四，只採用收集第一手資訊的實證研究，而對督導進行理論性探討的研究不列入考慮；第五，假使文獻的作者從同一研究方案所獲得的類似結果與討論發表於不同的學術期刊，僅挑選曾被引用過的最有影響力和最重要的文章。

挑選程序

　　依照上述標準所挑選的結果，研究文獻的主要來源有三（詳見附錄）。第一，以「督導」（supervision）一字作為關鍵字，在一些電子資料庫（如社會工作摘要、PsycLIT以及社會學）中進行搜尋瀏覽；第二，瀏覽研究督導的主要期刊「臨床督導」（*The Clinical Supervision*）（一九八三年創刊）中的所有文章；最後，瀏覽探討督導議題最受歡迎、最完整的兩本書中的參考書目，Kadushin 與 Harkness（2002）的《社會工作督導》第四版〔*Supervision in Social Work*, (4th ed.)〕以及Munson（2002）的《臨床社會工作督導手冊》第三版〔*Handbook of Clinical Social Work Supervision*, (3rd ed.)〕。

研究者

　　在一九七○年代，Kadushin（1974）在美國針對社會工作督導的

主題進行一項大規模的全國調查，隨機抽取的樣本中包括七百五十名督導者和七百五十名被督導者，該調查首次試圖描繪出美國某特定時期有關社會工作督導的景況。Munson（1976）已出版的博士論文，探討社會工作督導方面結構、職權和教育等不同模式之行使，這項實證研究的研究對象包含六十五對社會工作督導者和被督導者，其研究結果被多次出版（Munson, 1976, 1979a, 1979b, 1981）。此後，針對社會工作督導之研究的出版次數開始增加。

在加拿大，由 Shulman、Robinson 與 Luckj（1981）曾執行的一項針對社會工作督導的脈絡與技巧的大範圍調查，目前為止仍是加拿大最廣泛的研究調查。循著 Kadushin（1974, 1992b, 1992c）、Munson（1976, 1979a, 1979b, 1981），以及 Shulman 及其同僚（Shulman, 1993; Shulman et al., 1981）等前輩所鋪下的路，有些年輕的學者也在一九八〇年代和一九九〇年代，針對督導的形形色色的議題進行重要的研究（例如：Eisikovitz, Meier, Guttman, Shurka, & Levinstein, 1985; Erera & Lazar, 1993, 1994a, 1994b; Harkness, 1995, 1997; Harkness & Hensley, 1991; Harkness & Poertner, 1989; Poertner & Rapp, 1983; York & Denton, 1990; York & Hastings, 1985）。在這些研究中，有些採借 Kadushin（1976, 1985, 1992a）、Munson（1993, 2002），以及 Shulman 及其同僚（Shulman, 1993; Shulman et al., 1981）等人所奠定的架構，例如；Erera 與 Lazar（1994b）將 Kadushin 的督導模式操作化，創建督導的功能表，讓該模式在使用上成為有效的測量工具；Eisikovitz 等人（1985）則在其針對督導與工作脈絡的研究中，採用 Munson 的工具來測量工作者對督導的評價；Harkness（1995, 1997）藉由檢視受督導下的社會工作實務技巧、關係與結果之間的相關性，來檢驗 Shulman 的互動社會工作理論。

研究焦點

在過去五十年內所出版的這三十四篇研究文獻，其研究焦點可分

成三類：基本的描述性研究、督導相關議題的研究，以及案主成效的
研究。在督導相關議題的研究上，有八個議題受到研究者的重要關切：
督導的功能、督導的脈絡、結構與職權、督導的關係、督導的風格與
技巧、工作滿意度、督導者所需要的訓練，以及性別議題。

評論現有之社會工作督導的研究文獻

　　以下針對上述實證研究所使用的研究方法進行批判性的探討，探
討的面向包括：研究對象、抽樣方法、研究設計、資料收集方法，以
及資料分析。

研究對象

　　將近有一半的研究調查（三十四篇中有十六篇）都涉及督導者和
被督導者（例如：Harkness, 1997; Kadushin, 1974, 1992b, 1992c; Ko, 1987;
Munson, 1979a, 1979b; Shulman et al., 1981），有八篇研究聚焦在督導者
（例如：Erera & Lazar, 1993, 1994a, 1994b; Granvold, 1977, 1978b），有
九篇以被督導者為研究焦點（例如：Gray, 1990; Greenspan, Hanfling, Par-
ker, Primm, & Waldfogel, 1991; Pilcher, 1984; Rauktis & Koeske, 1994）。
然而，以督導者與被督導者配對的研究卻不足，因而促使研究者研究
督導關係相互影響的動力，但由於督導者與被督導者之間權力的落差，
極難找得到願意參與研究的研究對象，因此這種研究設計很難達成，
只有先前提過的Munson（1981），嘗試在其研究中將督導者與被督導
者配對進行研究。Harkness 與 Hensley（1991）執行了唯一一個處理案
主成效的研究，案主成效是督導實務的終極目標，研究結果發現，在
技巧、關係與成效之間存在著關聯模式。此外，Harkness（1995）設計
了一項實驗，結果顯示，從案主滿意度與一般滿意度來看，混合焦點
的督導產生較佳的成效。

抽樣方法

有超過一半的研究調查（在三十四篇中有十九篇）使用隨機抽樣的方法，包括叢集抽樣、系統抽樣，以及針對全部母群體進行調查。在這三十四篇研究中，只有五篇使用非隨機抽樣，而另有七篇則針對所有的研究對象進行問卷施測。然而，有些大規模研究的問卷回收率未能符合要求，Rubin 與 Babbie（1997）曾經指出，回收率必須達到70%，才能推斷研究結果；但在社會工作督導方面的研究調查，只有少數幾篇能達到這個標準。

研究設計

在這些研究調查中，有很多是探索性的，通常沒有清楚陳述的假設。經常使用一般化的概念來定義督導，使得「督導」的概念過於含糊而無法操作化，也無法對其進行嚴謹的檢測，此疏忽影響研究設計的建構效度。大部分的研究屬於只施測一次、具有代表性之抽樣的調查，有些則實施大規模的調查（例如：Himle, Jayaratne, & Thyness, 1989; Kadushin, 1974, 1992b, 1992c; Shulman et al., 1981; Vinokur-Kaplan, 1987），只有以下幾個是深度研究：Melichercik（1984）使用督導者自行書寫的日誌，記錄其每天的工作活動，為期一週，以此收集督導者日常工作活動的資訊；Harkness 及其同僚（1991, 1995）為了檢視督導的影響所進行的試驗；以及 Dendinger 與 Kohn（1989）為了證明督導技巧調查表的有效性，在研究調查六個月之後，又針對研究樣本中的小部分進行再評估。

研究方法

縱向的研究調查不足，尤其缺乏在不同的時間點上對固定樣本進行長期觀察的貫時性研究。在資料的分析上，常採用量化的方法，較

少使用深度的質性研究方法。社會工作督導缺乏廣泛而全面的研究，反映出的事實是，社會工作督導的實證研究還在初期發展的階段，研究者仍傾向於努力對實務上的督導議題提出概要的論述，而不是以理論建構或模式發展為目標進行深度調查。為了建立社會工作督導的理論模式，研究者非常需要進行質性研究調查，從各式各樣的文化脈絡中探究社會工作督導的功能。

關於理論建構

上述有關研究設計的限制，反映了處理社會工作督導研究的困難，期待督導者、被督導者和服務性組織能支持這種微妙議題的研究，顯然非常困難。多數現有的研究調查聚焦在督導過程的議題，很少將重點放在案主成效，另外，也只有一項調查將督導者與被督導者配對研究。雖然過去五十年來，已有研究者從事督導的相關研究，但仍缺乏有計畫性的調查，尤其在理論建構方面更是如此。雖然文化特性可能是影響督導關係非常重要的因素，但在上述研究中，無一論及特定文化脈絡對於社會工作督導所產生的作用。本實證研究建議，學者應該以質性研究重新檢視未來在研究上所要進行的工作。

對未來研究之建議

督導長期以來已被認定為是組織性的工作（Holloway & Brager, 1989; Miller, 1987; Munson, 2002），而當督導更廣泛地被視為是在某社會文化中涉及四方當事者（即服務組織、督導者、第一線社會工作員及案主）的互動過程時，我們需要指出所有影響這四者的因素有哪些。因此，研究者有必要從特定的文化脈絡中，包括社會的和組織的，來研究督導。

　　由於督導旨在確保提升對案主的服務品質，深入探究不同的督導模式與形式之間的關係，及其對工作者的工作績效與案主成效的衝擊是重要的（Tsui, 1998a）。Harkness 與 Poertner（1989）提出督導研究再概念化的構想，他們建議使用社會工作督導的多重定義、運用與督導實務相關的各種服務策略，並且在某範圍的服務環境中，在督導實務與案主成效之間進行多重連結。在此研究模式中，對督導實務之有效性的評估，會以適用多重資訊來源（即督導者、工作者、案主與機構）的方法來評量。

　　在服務性組織中，督導可以被視為一種知識管理的形式。知識管理是員工發展不可或缺的要素，意指組織教育員工以及受教於員工與案主的能力（Quinn, Anderson, & Finkelstein, 1998）。那些與第一線社會工作員共同收集、使用，以及分享有關案主與服務之資訊的督導者，在關於計畫的發展上，能做出更適當的決策。透過這樣的過程，第一線社會工作員可以瞭解到其天資、知識與經驗，如何促成服務輸送與案主成效的改善。這個過程也有利於指出督導的角色與功能如何補其他員工發展方式的不足，以商業部門的督導為例，其訓練功能通常藉由諮詢與顧問指導來補強。

　　過去這五十年來，研究者已經指出督導的本質，但尚未勾勒出督導的應然面，雖然這些研究調查有助於描述事實，卻無法提出理想處方。要瞭解到督導者與被督導者對於督導的想望，需要先提出以下的研究問題：(1)督導者如何行使其職權，以確保有效的工作績效與員工積極性？(2)在督導實務的操作上，處理督導關係中眾多議題的核心是什麼？(3)經營督導會議所需之明確與具體的指導方針是什麼？(4)在督導的過程中，督導者與第一線社會工作員各要經歷哪些不同的發展階段？(5)督導實務在處理棘手議題上，被證實有效的操作方式有哪些（Tsui, 2004）？

從現實到理想

　　本書對督導的實務工作追本溯源，並且檢視督導的理論、探究社會工作督導的明確特徵，所有的這些努力，促成對社會工作督導之本質的瞭解。本書的書寫經驗揭示出，雖然社會工作督導的功能受督導的實務脈絡所影響，但是社會工作督導的理想，可以由督導者與被督導者共同來形塑。

　　許多被督導者，特別是年輕的被督導者，希望在職場上所接受到的督導形式，能和他們在學生時期所接受到的實習督導形式一樣。被督導者希望督導會議能定期舉行，而且督導會議的日期及時間能事先固定下來，這樣雙方才能有所準備。督導會議的內容應該廣泛，要包括政策、實務和技巧。督導會議的大部分時間應該用來討論工作，其中一部分應該聚焦在意見與感受的分享。對於工作要求的陳述與解釋，應以具體明確的詞彙來表達。被督導者並不介意高標準及嚴格的工作要求，他們只是需要清楚的方向，以及具有特定行動取向的指導方針。假如達成目標，被督導者期待督導者能予以賞識及肯定，有過失時，只要督導者以友善的態度表達，他們也會歡迎指正。然而，督導者傾向於給出不明確、非行動取向的建議。督導者也是從其督導者學習督導的實務工作，傳承相同的督導模式。社會工作督導的品質對案主的直接服務品質，以及社會工作員的工作士氣與投入程度，有直接而重要的影響（Tsui, 2001）。

　　督導者希望，提供被督導者個人化及量身訂做的督導。在督導中，不應該行使行政職權，督導的最高境界就是「無為而督」（這與道家對「無為」的信念一致，是傳統華人文化整體的一部分）。好的督導應該藉由指出職員的優勢和弱點提高其專業成長，也應該提供改善的資源與機會，才能贏得服務的責信，使督導者、被督導者及案主都獲益。好的督導也應該能在督導者與被督導者之間建立起信任關係，在

決策上，應該鼓勵參與，讓督導者與被督導者之間能達成一致的看法。被督導者需要支持、鼓勵與同理，最後才能提高員工對組織的歸屬感。假如督導會議能事先規劃並定期舉行，督導者與被督導者才能做好準備。在督導會議地點的安排上，有時要善用督導者辦公室之外的其它地點。督導者應該發揮作為被督導者角色模範的功能。

從被督導者的觀點來看，理想的督導要著重在情感性的部分，這是因為對於被督導者而言，督導者與被督導者的關係是一種個人的一對一關係，他們希望督導是一個自在的分享過程，而過程中的溝通是雙向的、彈性的、相互認可的。督導者應該有人情味、公正、能感同身受。理想的督導也應該是一個反省的機會，督導者應該使被督導者能成為稱職的專業工作者，所有的建議應該明確、清楚而具體。督導者應該由其「超然的視野」（super-vision），提供具洞察力的見解。

對社會工作督導的個人省思

假如社會工作員被要求指出其專業的獨一無二之處，督導實務會是可能的選擇。社會工作督導是監督服務品質的主要機制之一，也是促進社會工作員專業發展的一種方法。當然，本書的目的並不在透過知識建構的努力來達到最後的目標，對於研究者、教育者和實務工作者而言，本書只是開啟另一段新旅程的起點。

寫一本書，自然是一趟孤寂的過程。在筆耕本書的漫長旅程中，已經使作者對於督導者，一個介於高層管理與第一線社會工作員之間居中協調的「邊緣人」有更多的同理心，他們要應付許多的要求及工作期限，卻少有機會能找人分擔其困難與挫折。因此，對於督導者與研究者雙方而言，同事之間的支持非常重要。作者何其有幸，在寫作過程中有學校同事對作品感興趣，並且給作者建議。

在寫作過程中，必須將自己作為有經驗的督導者，以及作為研究

所督導課程教師的兩個角色，交融調和。從「督導者」到「督導者的老師」，然後再到「研究督導的寫作者」，此身分認同的轉換一直難以獨自順利達成，因為這趟旅程牽涉到個人自我、專業自我及學術自我之間的相互影響與拉扯。在本書中，作者發現自己一直從「自我」（self）的立場進行督導實務的探究。常常提醒自己，必須將自己的專業自我放一邊，試著變得比較學術一點。然而，沒有專業自我，就不可能有能力詮釋豐富的實務經驗。當作者在對督導的支持功能進行文獻回顧時，個人自我提醒自己，必須去分享相信的是什麼。

督導不僅使社會工作實務變得有效能與有效率，而且也使其具獨特性與符合人性。因此，在我們著手進行督導實務之前，重探社會工作的本質與實質是重要的。當我們實行督導時，我們必須具有文化敏覺度（culturally sensitive）及掌握脈絡特殊性（contextually specific）的能力。我們必須記住，我們也是社會工作者，作為督導者，我們不應該只是將被督導者當作工作成員，還應該將其視為有動機、有尊嚴的人來對待。督導不僅是一個確保服務責信的機制，同時也是追求個人成長與專業發展的機會。在此漫長的探索旅程期間，作者再次證實了自己的信念：自然、人性，乃督導實務與社會工作處遇的終極與普世原則。

附錄

社會工作員工督導實證研究文獻
（一九五〇～二〇〇二年）

Dendinger, D. C., & Kohn, E. (1989). Assessing supervisory skills. *The Clinical Supervisor, 7*(1), 41–55.

Eisikovitz, Z., Meier, R., Guttman, E., Shurka, E., & Levinstein, A. (1985). Supervision in ecological context: The relationship between the quality of supervision and the work and treatment environment. *Journal of Social Service Research, 8*(4), 37–58.

Erera, I. P., & Lazar, A. (1993). Training needs of social work supervisors. *The Clinical Supervisor, 11*(1), 83–93.

Erera, I. P., & Lazar, A. (1994a). The administrative and educational functions in supervision: Indications of incompatibility. *The Clinical Supervisor, 12*(2), 39–56.

Erera, I. P., & Lazar, A. (1994b). Operating Kadushin's model of social work supervision. *Journal of Social Service Research, 18*(3/4), 109–122.

Gibelman, M., & Schervish, P. H. (1997). Supervision in social work: Characteristics and trends in a changing environment. *The Clinical Supervisor, 16*(2), 1–15.

Granvold, D. K. (1977). Supervisory style and educational preparation of public welfare supervisors. *Administration in Social Work, 1*(1), 79–88.

Granvold, D. K. (1978). Training social work supervisors to meet organizational and worker objectives. *Journal of Education for Social Work, 14*(2), 38–45.

Gray, S. W. (1990). The interplay of social work and supervision: An exploratory study. *The Clinical Supervisor, 8*(1), 53–65.

Greenspan, R., Hanfling, S., Parker, E., Primm, S., & Waldfogel, D. (1991). Supervision of experienced agency workers: A descriptive study. *The Clinical Supervisor, 9*(2), 31–42.

Harkness, D. (1995). The art of helping in supervised practice: Skills, relationships, and outcomes. *The Clinical Supervisor, 13*(1), 63–76.

Harkness, D. (1997). Testing interactional social work theory: A panel analysis of supervised practice and outcomes. *The Clinical Supervisor, 15*(1), 33–50.

Harkness, D., & Hensley, H. (1991). Changing the focus of social work supervision: Effects on client satisfaction and generalized contentment. *Social Work, 37*, 506–512.

Himle, D. P., Jayaratne, S., & Thyness, P. A. (1989). The buffering effects of four types of supervisory support on work stress. *Administration in Social Work, 13*(1), 19–34.

Kadushin, A. (1974). Supervisor-supervisee: A survey. *Social Work, 19*(3), 288–298.

Kadushin, A. (1992b). Social work supervision: An updated survey. *The Clinical Supervisor, 10*(2), 9–27.

Kadushin, A. (1992c). What's wrong, what's right with social work supervision? *The Clinical Supervisor, 10*(1), 3–19.

Ko, G. P. (1987). Casework supervision in voluntary family service agencies in Hong Kong. *International Social Work, 30*, 171–184.

Melichercik, J. (1984). Social work supervision in transition: An exploration of current supervisory practice. *The Social Worker, 52*(3), 108–112.

Munson, C. E. (1979c). Evaluation of male and female supervisors. *Social Work, 24*, 104–110.

Munson, C. E. (1981). Style and structure in supervision. *Journal of Education for Social Work, 17*(1), 65–72.

Newsome, M., Jr., & Pillari, V. (1991). Job satisfaction and the worker-supervisor relationship. *The Clinical Supervisor, 9*(2), 119–129.

Pilcher, A. J. (1984). The state of social work supervision in Victoria according to the practitioners. *Australian Social Work, 37*(3/4), 33–43.

Poertner, J., & Rapp, C. (1983). What is social work supervision? *The Clinical Supervisor, 1*(2), 53–67.

Rauktis, M. E., & Koeske, G. F. (1994). Maintaining social worker morale: When supportive supervision is not enough. *Administration in Social Work, 18*(1), 39–60.

Russell, P. A., Lankford, M. W., & Grinnell, R. M. (1983). Attitudes toward supervisors in a human service agency. *The Clinical Supervisor, 1*(3), 57–71.

Scott, D., & Farrow, J. (1993). Evaluating standards of social work supervision in child welfare and hospital social work. *Australian Social Work, 46*(2), 33–41.

Scott, W. R. (1965). Reactions to supervision in a heteronomous professional organization. *Administrative Science Quarterly, 10*, 65–81.

Shulman, L. (1993). *Interactional supervision*. Washington, DC: NASW Press.

Shulman, L., Robinson, E., & Luckj, A. (1981). *A study of the content, context and skills of supervision*. Vancouver: University of British Columbia.

Vinokur-Kaplan, D. (1987). A national survey of in-service training experiences of child welfare supervisors and workers. *Social Service Review, 61*(2), 291–304.

Western New York Chapter, NASW Committee on Social Work. (1958). A chapter survey. *Social Work, 3*, 18–25.

York, R. O., & Denton, R. T. (1990). Leadership behavior and supervisory performance: The view from below. *The Clinical Supervisor, 8*(1), 93–108.

York, R. O., & Hastings, T. (1985). Worker maturity and supervisory leadership behavior. *Administration in Social Work, 9*(4), 37–46.

參考文獻

Abels, P. (1977). *The new practice of supervision and staff development: A synergistic approach.* New York: Association Press.

Abroms, G. M. (1977). Supervision as metatherapy. In F. W. Kaslow et al. (Eds.), *Supervision, consultation, and staff training in the helping professions* (pp. 81–99). San Francisco: Jossey-Bass.

Alonso, A. (1983). A developmental theory of psychodynamic supervision. *The Clinical Supervisor, 1*(3), 23–36.

Arches, J. (1991). Social structure, burnout, and job satisfaction. *Social Work, 36*(3), 202–206.

Arndt, H. C. M. (1955). Principles of supervision in public assistance agencies. *Social Casework, 36,* 307–313.

Atherton, J. S. (1986). *Professional supervision in group care: A contract-based approach.* London: Tavistock.

Austin, L. (1942). Supervision of the experienced caseworker. *The Family, 22*(9), 314–320.

Austin, L. (1952, December). Basic principles of supervision. *Social Casework,* 163–217.

Austin, L. (1956). An evaluation of supervision. *Social Casework, 37*(8), 375–382.

Austin, L. (1957). Supervision in social work. In R. H. Kurtz (Ed.), *Social work year book* (pp. 569–573). New York: National Association of Social Workers.

Austin, L. (1961). The changing role of the supervisor. *Smith College Studies in Social Work, 31*(3), 179–195.

Austin, M. J. (1981). *Supervisory management for the human services.* Englewood Cliffs, NJ: Prentice Hall.

Bacock, C. (1953, December). Social work as work. *Social Casework,* 415–422.

Barker, R. L. (1995). *Social work dictionary* (3rd ed.). Washington, DC: NASW Press.

Barnard, C. I. (1971). The theory of authority. In S. A. Yelaja (Ed.), *Authority and social work: Concept and use* (pp. 48–64). Toronto: University of Toronto Press.

Barretta-Herman, A. (1993). On the development of a model of supervision for licensed social work practitioners. *The Clinical Supervisor, 11*(2), 55–64.

Bennett, D. (1976). *TA and the manager.* New York: AMACOM.

152

Berkowitz, S. J. (1952). The administrative process in casework supervision. *Social Casework,* 419–423.

Bernard, C. I. (1968). *The functions of the executive.* Cambridge, MA: Harvard University Press.

Bernard, J. M. (1979). Supervisor training: A discrimination model. *Counselor Education and Supervision, 19,* 60–68.

Bernard, J. M., & Goodyear, R. K. (1992). *Fundamentals of clinical supervision.* Boston: Allyn & Bacon.

Bernardin, H. J. (1984). *Performance appraisal.* Belmont, CA: Kent.

Bernardin, H. J., & Beatty, R. W. (1987, Summer). Can subordinate appraisals enhance managerial productivity? *Sloan Management Review,* 63–73.

Berry, J. W., & Laponce, J. A. (Eds.). (1994). *Ethnicity and culture in Canada: The research landscape.* Toronto: University of Toronto Press.

Blumberg, M., & Pringle, C. D. (1982). The missing opportunity in organizational research: Some implications for a theory of work performance. *Academy of Management Review, 7*(4), 560–569.

Bogo, M. (1993). The student/field instructor relationship: The critical factor in field education. *The Clinical Supervisor, 11*(2), 23–36.

Bogo, M., & Vayda, E. (1988). *The practice of field instruction in social work.* Toronto: University of Toronto Press.

Bond, M. H. (1993). *Social psychology across cultures: Analysis and perspectives.* New York: Harvester Wheatsheaf.

Brashears, F. (1995). Supervision as social work practice: A reconceptualization. *Social Work, 40*(5), 692–699.

Brown, A., & Bourne, I. (1996). *The social work supervisor: Supervision in community, day care and residential settings.* Philadelphia: Open University Press.

Bruce, E. J., & Austin, M. J. (2000). Social work supervision: Assessing the past and mapping the future. *The Clinical Supervisor, 19*(2), 85–107.

Bunker, D. R., & Wijnberg, M. H. (1988). *Supervision and performance: Managing professional work in human service organizations.* San Francisco: Jossey-Bass.

Burns, C. I., & Holloway, E. L. (1989). Therapy in supervision: An unresolved issue. *The Clinical Supervisor, 7*(4), 47–60.

Burns, M. E. (1958). *The historical development of the process of casework supervision as seen in the professional literature of social work.* Unpublished doctoral dissertation, School of Social Work, University of Chicago.

Campbell, J. P., McHenry, J. J., & Wise, L. (1990). Modelling job performance in a population of jobs. *Personnel Psychology, 43,* 313–333.

Campion, M. A., & Goldfinch, J. R. (1981). Mentoring among hospital administrators. *Hospital and Health Services Administration, 26,* 77–93.

Chaiklin, H., & Munson, C. E. (1983). Peer consultation in social work. *The Clinical Supervisor, 1*(2), 21–34.

Chao, G. T. (1998). Invited reason: Challenging research in mentoring. *Human Resource Development Quarterly, 9*(4), 333–338.

Chau, K. (1995). Social work practice in a Chinese society: Reflections and challenges. *Hong Kong Journal of Social Work, 29*(2), 1–9.

Chernesky, R. H. (1986). A new model of supervision. In N. Van Den Bergh & L. B. Cooper (Eds.), *Feminist visions for social work* (pp. 128–148). Silver Spring, MD: National Association of Social Workers.

Cheung, F. C. H., & Tsui, M. S. (2002). A wake-up call to the social work profession. *Families in Society, 83*(2), 123–124.

Clarke, J., Gewirtz, S., & McLaughlin, E. (Eds.). (2000). *New managerialism, new welfare?* Thousand Oaks, CA: Sage.

Clarke, J., Gewirtz, S., & McLaughlin, E. (2001). New managerialism, new welfare? *The British Journal of Social Work, 31*(5), 818–820.

Clough, R. (1995). Making supervision work: Statutory and voluntary organizations. In J. Pritchard (Ed.), *Good practice in supervision* (pp. 99–111). London: Jessica Kingsley.

Cohen, B. (1987, May–June). The ethics of social work supervision revisited. *Social Work*, 194–196.

Cohen, N. A., & Rhodes, G. B. (1978). Social work supervision: A view toward leadership style and job orientation in education and practice. *Administration in Social Work, 1*(3), 281–291.

Collins, P. M. (1994). Does mentorship among social workers make a difference? An empirical investigation of career outcomes. *Social Work, 39*(4), 413–419.

Crespi, T. D. (1995). Gender sensitive supervision: Exploring feminist perspectives for male and female supervisors. *The Clinical Supervisor, 13*(2), 19–29.

Cummings, L. L., & Schwartz, D. P. (1973). *Performance in organizations: Determinants and appraisal.* Glenview, IL: Scott Foresman.

D'Andrade, R. G. (1984). Cultural meaning systems. In R. A. Shweder & R. A. LeVine (Eds.), *Culture theory: Essays on mind, self, and emotion* (pp. 88–119). Cambridge, UK: Cambridge University Press.

Dechert, C. (1965). Cybernetics and the human person. *International Philosophical Quarterly, 5*, 5–36.

Dendinger, D. C., & Kohn, E. (1989). Assessing supervisory skills. *The Clinical Supervisor, 7*(1), 41–55.

Devis, D. (1965). Teaching and administrative functions in supervision. *Social Work, 10*(2), 83–89.

Doehrman, M. J. G. (1976). *Parallel process in supervision.* Topeka, KS: Menninger Clinic.

Dublin, R. A. (1989). Supervision and leadership styles. *Social Casework: The Journal of Contemporary Social Work, 70*(10), 617–621.

Durry, S. S. (1984). *Assertive supervision: Building involved teamwork.* Champaign, IL: Research Press.

Eisenberg, S. S. (1956). Supervision as an agency need. *Social Casework, 37*(5), 23–37.

Eisikovitz, Z., & Guttman, E. (1983). Towards a practice theory of learning through experience in social work supervision. *The Clinical Supervisor, 1*(1), 51–63.

Eisikovitz, Z., Meier, R., Guttman, E., Shurka, E., & Levinstein, A. (1985). Supervision in ecological context: The relationship between the quality of supervision and the work and treatment environment. *Journal of Social Service Research, 8*(4), 37–58.

Encyclopedia of Social Work. (1965). Silver Spring, MD: National Association of Social Workers.

Encyclopedia of Social Work. (1971). Silver Spring, MD: National Association of Social Workers.

Encyclopedia of Social Work. (1977). Silver Spring, MD: National Association of Social Workers.

Encyclopedia of Social Work. (1987). Silver Spring, MD: National Association of Social Workers.

Encyclopedia of Social Work. (1995). Silver Spring, MD: National Association of Social Workers.

Enteman, W. F. (1993). *Managerialism: The emergence of a new ideology.* Madison, WI: University of Wisconsin Press.

Epstein, L. (1973). Is autonomous practice possible? *Social Work, 18*, 5–12.

Erera, I. P. (1991a). Role conflict among public welfare supervisors. *Administration in Social Work, 15*(4), 35–51.

Erera, I. P. (1991b). Supervisor can burn-out too. *The Clinical Supervisor, 9*(2), 131–148.

Erera, I. P., & Lazar, A. (1993). Training needs of social work supervisors. *The Clinical Supervisor, 11*(1), 83–93.

Erera, I. P., & Lazar, A. (1994a). The administrative and educational functions in supervision: Indications of incompatibility. *The Clinical Supervisor, 12*(2), 39–56.

Erera, I. P., & Lazar, A. (1994b). Operating Kadushin's model of social work supervision. *Journal of Social Service Research, 18*(3/4), 109–122.

Etzioni, A. (1969). *The semi-professions and their organization.* New York: Free Press.

Feldman, Y. (1950). The teaching aspect of casework supervision. *Social Casework, 31*(4), 156–161.

Fizadle, R. (1979). Peer-group supervision. In C. E. Munson (Ed.), *Social work supervision: Classic statements and critical issues* (pp. 122–132). New York: Free Press.

Flynn, N. (2000). Managerialism and public services: Some international trends. In J. Clarke, S. Gewirtz, & E. McLaughlin (Eds.), *New managerialism, new welfare?* (pp. 27–44). Thousand Oaks, CA: Sage.

Fox, R. (1983). Contracting in supervision: A goal oriented process. *The Clinical Supervisor, 1*, 37–49.

Fox, R. (1989). Relationship: The cornerstone of clinical supervision. *Social Casework, 70,* 146–152.

French, J. R. P., & Raven, B. (1960). The bases of social power. In D. Cartwright & A. Zander (Eds.), *Group dynamics* (pp. 607–623). Evanston, IL: Row, Peterson.

Galt, A., & Smith, L. (1976). *Models and the study of social change.* New York: Wiley.

Gardiner, D. (1989). *The anatomy of supervision: Developing learning and professional_competence for social work students.* London: Society for Research into Higher Education and Open University Press.

Garrett, K. J., & Barretta-Herman, A. (1995). Moving from supervision to professional development. *The Clinical Supervisor, 13*(2), 97–110.

Getzel, G. S., Goldberg, J. R., & Salmon, R. (1971). Supervising in groups as a model for today. *Social Casework, 52,* 154–163.

Getzel, G. S., & Salmon, R. (1985). Group supervision: An organizational approach. *The Clinical Supervisor, 3*(1), 27–43.

Gibelman, M., & Schervish, P. H. (1997). Supervision in social work: Characteristics and trends in a changing environment. *The Clinical Supervisor, 16*(2), 1–15.

Gilbert, T. F. (1974). *Levels and structure of performance analysis.* Morristown, NJ: Praxis Corporation.

Gitterman, A. (1972). Comparison of educational models and their influences on supervision. In F. W. Kaslow et al. (Eds.), *Issues in human services* (pp. 18–38). San Francisco: Jossey-Bass.

Gitterman, A., & Miller, I. (1977). Supervisors as educators. In F. W. Kaslow et al. (Eds.), *Supervision, consultation, staff training in the helping professions* (pp. 100–114). San Francisco: Jossey-Bass.

Glisson, C. A. (1985). A contingency model of social welfare administration. In S. Slavin (Ed.), *An introduction to human services management—Volume I of Social administration: The management of the social services* (pp. 95–109). New York: Haworth Press.

Goodenough, W. H. (1961). Comment on cultural revolution. *Daedalus, 90,* 521–528.

Goodenough, W. H. (1996). Definition. In D. Levinson & M. Ember (Eds.), *Encyclopedia of cultural anthropology* (pp. 291–299). New York: Henry Holt and Company.

Goodman, P. S., & Fichman, M. (1983). Comments on Mitchell. In F. Landy, S. Zedeck, J. Cleveland, & A. Landy (Eds.), *Performance measurement and theory* (pp. 60–74). Hillsdale, NJ: Erlbaum.

Granello, D. H. (1996). Gender and power in the supervisory dyad. *The Clinical Supervisor, 14*(2), 53–67.

Granvold, D. K. (1977). Supervisory style and educational preparation of public welfare supervisors. *Administration in Social Work, 1*(1), 79–88.

Granvold, D. K. (1978a). Supervision by objectives. *Administration in Social Work, 2*(2), 199–209.

Granvold, D. K. (1978b). Training social work supervisors to meet organizational and worker objectives. *Journal of Education for Social Work, 14*(2), 38–45.

Gray, S. W. (1990). The interplay of social work and supervision: An exploratory study. *The Clinical Supervisor, 8*(1), 53–65.

Greenspan, R., Hanfling, S., Parker, E., Primm, S., & Waldfogel, D. (1991). Supervision of experienced agency workers: A descriptive study. *The Clinical Supervisor, 9*(2), 31–42.

Greetz, C. (1973). *The interpretation of cultures: Selected essays.* New York: Basic Books.

Gross, E. (2000). Connected scholarship. *AFFILIA: Journal of Women and Social Work, 15*(1), 5–8.

Guttman, E., Eisikovitz, Z., & Maluccio, A. N. (1988). Enriching social work supervision from the competence perspective. *Journal of Social Work Education, 24*(3), 278–288.

Hardcastle, D. (1991). Towards a model for supervision: A peer supervision pilot project. *The Clinical Supervisor, 9*(2), 63–76.

Harkness, D. (1995). The art of helping in supervised practice: Skills, relationships, and outcomes. *The Clinical Supervisor, 13*(1), 63–76.

Harkness, D. (1997). Testing interactional social work theory: A panel analysis of supervised practice and outcomes. *The Clinical Supervisor, 15*(1), 33–50.

Harkness, D., & Hensley, H. (1991). Changing the focus of social work supervision: Effects on client satisfaction and generalized contentment. *Social Work, 37*, 506–512.

Harkness, D., & Poertner, J. (1989). Research and social work supervision: A conceptual review. *Social Work, 34*(2), 115–118.

Harkness, L., & Mulinski, P. (1988). Performance standards for social workers. *Social Work, 33*, 339–344.

Harris, T. A. (1967). *I'm OK, You're OK.* London: Pan Books.

Hart, G. M. (1982). *The process of clinical supervision.* Baltimore, MD: University Park Press.

Hasenfeld, Y. (1983). *Human service organizations.* Englewood Cliffs, NJ: Prentice-Hall.

Hawkins, P., & Shohet, R. (1990). *Supervision in the helping professions.* London: Open University Press.

Hawthorne, L. (1975). Games supervisors play. *Social Work, 20*, 179–183.

Heid, L. (1997). Supervisor development across the professional lifespan. *The Clinical Supervisor, 16*(2), 139–152.

Heimann, B., & Pittenger, K. S. (1996). The impact of formal mentorship on socialization and commitment of newcomers. *Journal of Managerial Issues, 8*(1), 108–117.

Henderson, R. L. (1984). *Performance appraisal*. Weston, VA: Weston.

Hess, A. K. (1980). *Psychotherapy supervision: Theory, research and practice*. New York: Wiley.

Hess, A. K. (1986). Growth in supervision: Stages of supervisee and supervisor development. *The Clinical Supervisor, 4*(1–2), 51–67.

Hess, A. K. (1987). Psychotherapy supervision: Stages, Buber, and a theory of relationship. *Professional Psychology, 18,* 251–259.

Hester, M. C. (1951). Educational process in supervision. *Social Casework, 25,* 242–250.

Himle, D. P., Jayaratne, S., & Thyness, P. A. (1989). The buffering effects of four types of supervisory support on work stress. *Administration in Social Work, 13*(1), 19–34.

Hipp, J. L., & Munson, C. E. (1995). The partnership model: A feminist supervision/consultation perspective. *The Clinical Supervisor, 13*(1), 23–38.

Holloway, E. (1995). *Clinical supervision: A systems approach*. Newbury Park, CA: Sage.

Holloway, S., & Brager, G. (1989). *Supervising in the human services: The politics of practice*. New York: Free Press.

Howe, E. (1980). Public professions and the private model of professionalism. *Social Work, 25,* 179–191.

Hughes, L., & Pengelly, P. (1997). *Staff supervision in a turbulent environment: Managing process and task in front-line services*. London: Jessica Kingsley.

Ingold, T. (Ed.). (1994). *Companion encyclopedia of anthropology: Humanity, culture and social life*. London: Routledge.

Jenks, C. (1993). *Culture: Key ideas*. London: Routledge.

Johnson, E. W. (1988). Burnout: A metaphoric myth. *American Journal of Physical and Medical Rehabilitation, 67,* 237.

Johnson, T. J. (1972). *Professionals and power*. London: Macmillan.

Kadushin, A. (1968). Games people play in supervision. *Social Work, 13*(3), 23–32.

Kadushin, A. (1974). Supervisor-supervisee: A survey. *Social Work, 19*(3), 288–298.

Kadushin, A. (1976). *Supervision in social work*. New York: Columbia University Press.

Kadushin, A. (1979). Games people play in supervision. In C. E. Munson (Ed.), *Social work supervision: Classic statements and critical issues* (pp. 182–195). New York: Free Press.

Kadushin, A. (1981). Professional development, supervision, training, and education. In N. Gilbert & H. Specht (Eds.), *Handbook of the social services* (pp. 638–665). Englewood Cliffs, NJ: Prentice-Hall.

Kadushin, A. (1985). *Supervision in social work* (2nd ed.). New York: Columbia University Press.

Kadushin, A. (1991). Field education in social work: Contemporary issues and trends. In D. Schneck, B. Grossman, & U. Glassman (Eds.), *Field education in social work* (pp. 11–16). Dubuque, IA: Kendall/Hunt.

Kadushin, A. (1992a). *Supervision in social work* (3rd ed.). New York: Columbia University Press.

Kadushin, A. (1992b). What's wrong, what's right with social work supervision? *The Clinical Supervisor, 10*(1), 3–19.

Kadushin, A. (1992c). Social work supervision: An updated survey. *The Clinical Supervisor, 10*(2), 9–27.

Kadushin, A., & Harkness, D. (2002). *Supervision in social work* (4th ed.). New York: Columbia University Press.

Kahn, E. M. (1979). The parallel process in social work treatment and supervision. *Social Casework, 60,* 520–528.

Kaiser, T. L. (1997). *Supervisory relationships: Exploring the human elements.* Pacific Grove, CA: Brooks/Cole.

Kaplan, T. (1991). A model for group supervision for social work: Implementations for the profession. In D. Schneck, B. Grossman, & U. Glassman (Eds.), *Field education in social work: Contemporary issues and trends* (pp. 141–148). Dubuque, IA: Kendall/Hunt.

Karasek, R., & Theorell, T. (1990). *Healthy work—stress, productivity and the reconstruction of working life.* New York: Basic Books.

Kaslow, F. W. (1972). Group supervision. In F. W. Kaslow et al. (Eds.), *Issues in human services* (pp. 115–141). San Francisco: Jossey-Bass.

Kaslow, F. W. (1986a). Supervision, consultation and staff training—Creative teaching/learning processes in the mental health profession. *The Clinical Supervisor, 4,* 1–28.

Kaslow, F. W. (1986b). Themes and patterns in supervision. In F. W. Kaslow (Ed.), *Supervision and training: Models, dilemmas and challenges* (pp. 237–250). New York: Haworth Press.

Kaslow, F. W., et al. (Eds.). (1977). *Supervision, consultation, and staff training in the helping professions.* San Francisco: Jossey-Bass.

Kaslow, F. W., et al. (1979). *Supervision, consultation, and staff training in the helping professions.* San Francisco: Jossey-Bass.

Kast, F. E., & Rosenzweig, J. E. (1985). *Organization and management: A systems and contingency approach* (4th ed.). New York: McGraw-Hill.

Keesing, R. (1981). *Cultural anthropology: A contemporary perspective* (2nd ed.). New York: Harcourt Brace.

Kelly, M. J. (2001). Management mentoring in a social service organization. *Administration in Social Work, 25*(1), 17–33.

Kennedy, M., & Keitner, L. (1970). What is supervision: The need for a redefinition. *Social Worker, 38,* 51–52.

Kim, Y. O. (1995). Cultural pluralism and Asian-American culturally sensitive social work practice. *International Social Work, 38,* 69–78.

Ko, G. P. (1987). Casework supervision in voluntary family service agencies in Hong Kong. *International Social Work, 30,* 171–184.

Koontz, H. (1961). The management theory jungle. *Academy of Management Journal, 4,* 174–188.

Koontz, H. (1980). The management theory jungle revisited. *Academy of Management Review, 5*, 175–187.

Kroeber, A. L., & Kluckhohn, C. (1952). *Culture: A critical review of concepts and definitions.* Cambridge, MA: Peabody Museum.

Kutzik, A. J. (1977). The social work field. In F. W. Kaslow et al. (Eds.), *Supervision, consultation, and staff training in the helping professions* (pp. 25–60). San Francisco: Jossey-Bass.

Lahad, M. (2000). *Creative supervision: The use of expressive arts methods in supervision and self-supervision.* London: Jessica Kingsley.

Landy, F. L., & Farr, J. L. (1990). Performance rating. *Psychology Bulletin, 87*(1), 72–107.

Latting, J. E. (1986). Adaptive supervision: A theoretical model for social workers. *Administration in Social Work, 10*(1), 15–23.

Lee, M. Y. (1996). A constructivist approach to the help-seeking process of clients: A response to cultural diversity. *Clinical Social Work Journal, 24*(2), 187–202.

Leiren, B. D. (1990). *Workplace performance evaluation.* Vancouver, BC: Eduserv Inc.

LeVine, R. A. (1984). Properties of culture: An ethnographic view. In R. A. Shweder & R. A. LeVine (Eds.), *Culture theory: Essays on mind, self, and emotion* (pp. 67–87). Cambridge, UK: Cambridge University Press.

Levy, C. S. (1973, March). The ethics of supervision. *Social Work,* 14–21.

Lewis, S. (1988). The role of self-awareness in social work supervision. *Australian Social Work, 40*(2), 19–24.

Lewis, W. (1988). A supervision model for public agencies. *The Clinical Supervisor, 6*(2), 85–91.

Liddle, H., & Saba, G. (1983). On context replication: The isomorphic relationship of training and therapy. *The Journal of Strategic and Systematic Therapies, 2*, 3–11.

Lipsky, M. (1980). *Street-level bureaucracy: Dilemmas of the individual in public services.* New York: Russell Sage Foundation.

Loganbill, C., Hardy, E., & Delworth, U. (1982). Supervision: A conceptual model. *The Counseling Psychologist, 10*(1), 3–42.

Lowy, L. (1983). Social work supervision: From models toward theory. *Journal of Education for Social Work, 19*(2), 55–62.

MacIver, R. M. (1965). *The web of government* (Rev. ed.). New York: Macmillan.

Mandell, B. (1973). The "equality" revolution and supervision. *Journal of Education for Social Work, 9*, 43–54.

McKitrick, D. S., & Garrison, M. A. (1992). Theory of supervision outline: A training tool. *The Clinical Supervisor, 19*(2), 173–183.

Melichercik, J. (1984). Social work supervision in transition: An exploration of current supervisory practice. *The Social Worker, 52*(3), 108–112.

Middleman, R. R., & Rhodes, G. B. (1980). Teaching the practice of supervision. *Journal of Education for Social Work, 16*(3), 51–59.

Middleman, R. R., & Rhodes, G. B. (1985). *Competent supervision: Making imaginative judgements.* Englewood Cliffs, NJ: Prentice-Hall.

Miller, I. (1987). Supervision in social work. In *Encyclopedia of social work* (Vol. 2, pp. 748–756). Silver Spring, MD: National Association of Social Workers.

Morgan, S., & Payne, M. (2002). Managerialism and state social work. *Hong Kong Journal of Social Work, 36*(1), 27–44.

Munson, C. E. (1975). *The uses of structural, authority and teaching models in social work supervision.* Unpublished doctoral dissertation, University of Maryland.

Munson, C. E. (1976). Professional autonomy and social work supervision. *Journal of Education for Social Work, 12*(3), 95–102.

Munson, C. E. (1978a). The concepts of effectiveness and efficiency applied to the social work profession: An historical perspective. *Journal of Education for Social Work, 14*(2), 90–97.

Munson, C. E. (1978b). The worker/client relationship: Relevant role theory. *Journal of Sociology and Social Welfare, 5*(3), 404–417.

Munson, C. E. (1979a). Authority and social work supervision: An emerging model. In C. E. Munson (Ed.), *Social work supervision: Classic statements and critical issues* (pp. 336–346). New York: Free Press.

Munson, C. E. (1979b). An empirical study of structure and authority in social work supervision. In C. E. Munson (Ed.), *Social work supervision: Classic statements and critical issues* (pp. 286–296). New York: Free Press.

Munson, C. E. (1979c). Evaluation of male and female supervisors. *Social Work, 24,* 104–110.

Munson, C. E. (Ed.). (1979d). *Social work supervision: Classic statements and critical issues.* New York: Free Press.

Munson, C. E. (1979e). Symbolic interaction and social work supervision. *Journal of Sociology and Social Welfare, 6*(1), 8–18.

Munson, C. E. (1981). Style and structure in supervision. *Journal of Education for Social Work, 17*(1), 65–72.

Munson, C. E. (1983). *An introduction to clinical social work supervision.* New York: Haworth Press.

Munson, C. E. (1987a). Sex roles and power relationships in supervision. *Professional Psychology: Research and Practice, 18*(3), 236–243.

Munson, C. E. (1987b). Field instruction in social work education. *Journal of Teaching in Social Work, 1*(1), 91–109.

Munson, C. E. (1989). Trends of significance for clinical supervision. *The Clinical Supervisor, 7*(4), 1–8.

Munson, C. E. (1993). *Clinical social work supervision* (2nd ed.). New York: Haworth Press.

Munson, C. E. (1998). Societal change, managed cost organizations, and clinical social work practice. *The Clinical Supervisor, 17*(2), 1–41.

Munson, C. E. (2002). *Handbook of clinical social work supervision* (3rd ed.). New York: Haworth Press.

Newsome, M., Jr., & Pillari, V. (1991). Job satisfaction and the worker-supervisor relationship. *The Clinical Supervisor, 9*(2), 119–129.

Nichols, F. W. (1977). Concerning performance and performance standards: An opinion. *NSPI Journal, 16*(1), 14–17.

O'Donoghue, K. (2003). *Restorying social work supervision.* Palmerston North, New Zealand: Dunmore Press.

Olsen, D. C., & Stern, S. B. (1990). Issues in the development of a family supervision model. *The Clinical Supervisor, 8*(2), 49–65.

Orchard, B. (1971). The use of authority in supervision. In S. A. Yelaja (Ed.), *Authority and social work: Concept and use* (pp. 278–288). Toronto: University of Toronto Press.

Osborne, C. J., & Davis, T. E. (1996). The supervision contract: Making it perfectly clear. *The Clinical Supervisor, 14*(2), 121–134.

Osborne, S. P. (1992). The quality dimension: Evaluating quality of service and quality of life in human services. *British Journal of Social Work, 22,* 437–453.

Osterberg, M. J. (1996). Gender in supervision: Exaggerating the differences between men and women. *The Clinical Supervisor, 14*(2), 69–84.

Palmer, S. (1983, March–April). Authority: An essential part of practice. *Social Work,* 120–125.

Parsloe, P., & Stevenson, O. (1978). *Social service teams: The practitioner's view.* London: Her Majesty's Stationery Office.

Parsons, J. E., & Durst, D. (1992). Learning contracts: Misunderstood and utilized. *The Clinical Supervisor, 10*(1), 145–156.

Parton, N. (2003). Rethinking professional practice: The contribution of social constructionism and the feminist "ethics of care." *The British Journal of Social Work, 33*(1), 1–16.

Patti, R. J. (1985). In search of purpose for social welfare administration. *Administration in Social Work, 9*(3), 1–14.

Patti, R. J. (1988). Managing for service effectiveness in social welfare: Towards a performance model. In R. J. Patti, J. Poertner, & C. A. Rapp (Eds.), *Managing for service effectiveness in social welfare organizations* (pp. 7–22). New York: Haworth Press.

Patti, R. J., Poertner, J., & Rapp, C. A. (Eds.). (1988). *Managing for service effectiveness in social welfare organizations.* New York: Haworth Press.

Payne, C., & Scott, T. (1982). *Developing supervision of teams in field and residential social work.* London: National Institute for Social Work.

Payne, M. (1979). *Power, authority and responsibility in social services.* London: Macmillan Press.

Payne, M. (1994). Personal supervision in social work. In A. Connor & S. Black (Eds.), *Performance review and quality in social care* (pp. 43–58). London: Jessica Kingsley.

Perlmutter, F. D. (1990). *Changing hats: From social work practice to administration.* Silver Spring, MD: National Association of Social Workers.

Perlmutter, F. D., Bailey, D., & Netting, F. E. (2001). *Managing human resources in the human services: Supervisory challenges.* Oxford: Oxford University Press.

Peterson, F. K. (1991). Issues of race and ethnicity in supervision: Emphasizing who you are, not what you know. *The Clinical Supervisor, 9,* 15–31.

Pettes, D. (1967). *Supervision in social work: A method of student training and staff development.* London: Allen & Unwin.

Pettes, D. E. (1979). *Staff and student supervision: A task-centered approach.* London: Allen & Unwin.

Pilcher, A. J. (1984). The state of social work supervision in Victoria according to the practitioners. *Australian Social Work, 37*(3/4), 33–43.

Poertner, J. (1986). The use of client feedback to improve practice: Defining the supervisor's role. *The Clinical Supervisor, 4*(4), 57–67.

Poertner, J., & Rapp, C. A. (1983). What is social work supervision? *The Clinical Supervisor, 1*(2), 53–67.

Pollitt, C. (1993). *Managerialism and the public service* (2nd ed.). Oxford: Blackwell.

Poulin, J. E. (1995). Job satisfaction of social work supervisors and administrators. *Administration in Social Work, 19*(4), 35–49.

Powell, D. J. (1980). *Clinical supervision: Skills for substance counselors.* New York: Human Science Press.

Powell, D. J. (1993). *Clinical supervision in alcohol and drug abuse counseling: Principles, models, methods.* New York: Lexington Books.

Powell, G. (1994). One more time: Do female and male managers differ? In M. F. Karsten (Ed.), *Management and gender: Issues and attitudes* (pp. 87–93). Westport, CT: Praeger.

Pritchard, J. (Ed.). (1995). *Good practice in supervision: Statutory and voluntary organizations.* London: Jessica Kingsley.

Quick, J. C., & Quick, J. D. (1984). *Organizational stress and preventive management.* New York: McGraw-Hill.

Quinn, J. B., Anderson, P., & Finkelstein, S. (1998). Management professional intellect: Making the most of the best. Cambridge, MA: Harvard Business School Press.

Rabinowitz, J. (1987). Why ongoing supervision in social casework: An historical analysis. *The Clinical Supervisor, 5*(3), 79–90.

Ragins, B. R., & Scandura, T. A. (1994). Gender differences in expected outcomes of mentoring relationships. *Academy of Management Journal, 37,* 957–971.

Rauktis, M. E., & Koeske, G. F. (1994). Maintaining social worker morale: When supportive supervision is not enough. *Administration in Social Work, 18*(1), 39–60.

Reid, W. J. (1988). Service effectiveness and the social agency. In R. J. Patti, J. Poertner, & C. A. Rapp (Eds.), *Managing for service effectiveness in social welfare organizations* (pp. 41–58). New York: Haworth Press.

Rich, P. (1993). The form, function, and content of clinical supervision: An integrated model. *The Clinical Supervisor, 11*(1), 137–178.

Richmond, M. (1917). *Social diagnosis.* New York: Russell Sage Foundation.

Ritchie, P. (1992). Establishing standards in social care. In D. Kelly & B. Warr (Eds.), *Quality counts: Achieving quality in social care services* (pp. 57–75). London: Whiting & Birch.

Rivas, R. F. (1991). Dismissing problem employees. In R. L. Edwards & J. A. Yankey (Eds.), *Skills for effective human services management* (pp. 186–216). Silver Spring, MD: National Association of Social Workers.

Robinson, V. (1936). *Supervision in social case work.* Chapel Hill, NC: University of North Carolina Press.

Robinson, V. (1949). *The dynamics of supervision under functional controls.* Philadelphia: University of Pennsylvania Press.

Rock, B. (1990). Social worker autonomy in the age of accountability. *The Clinical Supervisor, 8*(2), 19–31.

Rogers, E. R. (1987). Professional burnout: A review of a concept. *The Clinical Supervisor, 5*(3), 91–106.

Rogers, G., & McDonald, L. (1992). Thinking critically: An approach to field instructor training. *Journal of Social Work Education, 28*(2), 166–177.

Rubin, A., & Babbie, E. R. (1997). *Research methods for social work.* Pacific Grove, CA: Brooks/Cole.

Rubinstein, G. (1992). Supervision and psychotherapy: Toward redefining the differences. *The Clinical Supervisor, 10*(2), 97–116.

Russell, R. K., Crinnings, A. M., & Lent, R. W. (1984). Counselor training and supervision: Theory and research. In S. D. Brown & R. W. Lent (Eds.), *Handbook of counseling psychology* (pp. 625–681). New York: Wiley.

Russell, P. A., Lankford, M. W., & Grinnell, R. M. (1983). Attitudes toward supervisors in a human service agency. *The Clinical Supervisor, 1*(3), 57–71.

Sales, E., & Navarre, E. (1970). *Individual and group supervision in field instruction: A research report.* Ann Arbor, MI: School of Social Work, University of Michigan.

Sarri, C. (1986). Concepts of learning through supervision. *The Clinical Supervisor, 4*(3), 63–78.

Schindler, N. J., & Talen, M. R. (1996). Supervision 101: The basic elements for teaching beginning supervisors. *The Clinical Supervisor, 14*(2), 109–120.

Schneier, C. E., & Beatty, R. W. (1982). What is performance appraisal? In L. Baird et al. (Eds.), *The performance appraisal sourcebook.* Amherst, MA: Human Resource Development Press.

Schour, E. (1951). Helping social workers to handle work stress. *Social Casework, 25*, 423–438.

Schreiber, P., & Frank, E. (1983). The use of a peer supervision group by social work clinicians. *The Clinical Supervisor, 1*(1), 29–36.

Scott, D., & Farrow, J. (1993). Evaluating standards of social work supervision in child welfare and hospital social work. *Australian Social Work, 46*(2), 33–41.

Scott, W. R. (1965). Reactions to supervision in a heteronomous professional organization. *Administrative Science Quarterly, 10*, 65–81.

Scott, W. R. (1979). Reactions to supervision in a heteronomous professional organization. In C. E. Munson (Ed.), *Social work supervision: Classic statements and critical issues* (pp. 258–272). New York: Free Press.

Segall, M. H. (1984). More than we need to know about culture, but are afraid not to ask. *Journal of Cross-Cultural Psychology, 15*(2), 153–162.

Sennett, R. (1980). *Authority*. New York: Knopf.

Sergiovanni, T. J. (1983). *Supervision: A perspective* (3rd ed.). New York: McGraw-Hill.

Shinn, M., Rosario, M., Morch, H., & Chestnut, D. E. (1984). Coping with job stress and burnout in the human services. *Journal of Personality and Social Psychology, 40*, 864–976.

Shulman, L. (1993). *Interactional supervision*. Washington, DC: NASW Press.

Shulman, L. (1995). Supervision and consultation. In *Encyclopedia of Social Work* (pp. 2373–2379). Silver Spring, MD: National Association of Social Workers.

Shulman, L., Robinson, E., & Luckj, A. (1981). *A study of the content, context and skills of supervision*. Vancouver: University of British Columbia.

Skidmore, R. A. (1995). *Social work administration: Dynamic management and human relationships* (3rd ed.). Boston: Allyn & Bacon.

Soderfeldt, M., Soderfeldt, B., & Warg, L. (1995). Burnout in social work. *Social Work, 40*(5), 638–646.

Specht, H., & Courtney, M. (1994). *Unfaithful angels: How social work has abandoned its mission*. New York: Free Press.

Stevens, D. T., Goodyear, R. K., & Robertson, P. (1997). Supervisor development: An exploratory study in changes in stances and emphasis. *The Clinical Supervisor, 16*(2), 73–88.

Stiles, E. (1979). Supervision in perspective. In C. E. Munson (Ed.), *Social work supervision: Classical statements and critical issues* (pp. 83–93). New York: Free Press.

Stoltenberg, C. (1981). Approaching supervision from a developmental perspective: The counselor complexity model. *Journal of Counseling Psychology, 28*(1), 59–65.

Stoltenberg, C. D., & Delworth, U. (1987). *Supervising counselor and therapists: A developmental approach*. San Francisco: Jossey-Bass.

Storm, C. L., & Heath, A. W. (1985). Models of supervision: Using therapy theory as a guide. *The Clinical Supervisor, 3*(1), 87–96.

Thompson, N., Stradling, S., Murphy, M., & O'Neill, P. (1996). Stress and organizational culture. *British Journal of Social Work, 26*, 647–665.

Towle, C. (1954). *The learner in education for the professions*. Chicago: University of Chicago Press.

Towle, C. (1962). The role of supervision in the union of cause and function in social work. *Social Service Review, 36,* 396–411.

Tsang, A. K. T., & George, U. (1998). Towards an integrated framework for cross-cultural social work practice. *Canadian Social Work Review, 15*(1), 73–93.

Tsui, M. S. (1997a). The roots of social work supervision: An historical review. *The Clinical Supervisor, 15*(2), 191–198.

Tsui, M. S. (1997b). Empirical research on social work supervision: The state of the art (1970–1995). *Journal of Social Service Research, 23*(2), 39–54.

Tsui, M. S. (1998a). Construction of a job performance model for professional social workers. *Asia Pacific Journal of Social Work, 8*(2), 51–63.

Tsui, M. S. (1998b). Organizations as elephants: A Chinese metaphor or a metatheory? *International Journal of Management, 15*(2), 151–160.

Tsui, M. S. (2001). *Towards a culturally sensitive model of social work supervision in Hong Kong.* Unpublished doctoral dissertation, Faculty of Social Work, University of Toronto.

Tsui, M. S. (2002). Social work supervision in Hong Kong: An exploration of objectives, structure, and relationship. In D. Shek (Ed.), *Entering a new millennium: Advances in social welfare in Hong Kong* (pp. 253–269) (in Chinese). Hong Kong: Chinese University Press.

Tsui, M. S. (2004). Charting the course of future research on supervision. In M. J. Austin & K. M. Hopkins (Eds.), *Supervising in the human services: Building a learning organization.* Thousand Oaks, CA: Sage.

Tsui, M. S. (in press). Functions of social work supervision in Hong Kong. *International Social Work.*

Tsui, M. S., & Chan, R. K. H. (1999). The future of social work: A revision and a vision. *Indian Journal of Social Work, 60*(1), 87–98.

Tsui, M. S., & Cheung, F. C. H. (2000a). Reflection over social welfare administration (in Chinese). *Hong Kong Journal of Social Work, 34*(1&2), 91–101.

Tsui, M. S., & Cheung, F. C. H. (2000b). Nature of social work administration. In C. K. Ho (Ed.), *Paradigms and nature: Reflections on social work* (in Chinese). Singapore: World Scientific.

Tsui, M. S., & Cheung, F. C. H. (2004). Gone with the wind: The impacts of managerialism on human services. *The British Journal of Social Work, 34,* 437–442.

Tsui, M. S., Cheung, F. C. H., & Gellis, Z. D. (2004). In search of an optimal model for board-executive relationships in voluntary human service organizations. *International Social Work, 47*(2), 169–186.

Tsui, M. S., & Ho, W. S. (1997). In search of a comprehensive model of social work supervision. *The Clinical Supervisor, 16*(2), 181–205.

Tsui, M. S., & Ho, W. S. (2003). *Social work supervision: Theory, practice, and reflection* (in Chinese). Hong Kong: Hong Kong Christian Service.

Tylor, E. B. (1871). *Primitive culture.* London: Murray.

Vayda, E., & Bogo, M. (1991). A teaching model to unite classroom and field. *Journal of Social Work Education, 27*(3), 271–278.

Veeder, N. W. (1990). Autonomy, accountability, and professionalism: The case against close supervision in social work. *The Clinical Supervisor, 8*(2), 33–47.

Vinokur-Kaplan, D. (1987). A national survey of in-service training experiences of child welfare supervisors and workers. *Social Service Review, 61*(2), 291–304.

Waldfogel, D. (1983). Supervision of students and practitioners. In A. Rosenblatt & D. Waldfogel (Eds.), *Handbook of clinical social work* (pp. 319–344). San Francisco: Jossey-Bass.

Wallace, J. E., & Brinkerhoff, M. B. (1991). The measurement of burnout revisited. *Journal of Social Service Research, 14*(1/2), 85–111.

Watkins, C. E., Jr. (1990). Development of the psychotherapy supervisor. *Psychotherapy, 27*(4), 553–560.

Watkins, C. E., Jr. (1993). Development of the psychotherapy supervisor: Concepts, assumptions, and hypotheses of the supervisor complexity model. *American Journal of Psychotherapy, 47*(1), 58–74.

Watson, K. W. (1973). Differential supervision. *Social Work, 8*(3), 37–43.

Wax, J. (1979). The pros and cons of group supervision. *Social Casework, 40*(56), 307–313.

Weinbach, R. W. (1992). Meeting a supervisory responsibility: Shared evaluation of supervisory potential. *The Clinical Supervisor, 10*(2), 195–209.

Western New York Chapter, NASW Committee on Social Work. (1958). A chapter survey. *Social Work, 3*, 18–25.

Westheimer, I. J. (1977). *The practice of supervision in social work: A guide for staff supervisors*. London: Ward Lock Educational.

White, M. B., & Russell, C. S. (1995). The essential elements of supervisory systems: A modified delphi study. *Journal of Marital and Family Therapy, 21*(1), 33–53.

Williams, A. J. (1988). Action methods in supervision. *The Clinical Supervisor, 6*(2), 13–27.

Wilson, S. A. (1981). *Field instruction: Techniques for supervisors*. New York: Free Press.

Worthington, E. L., Jr. (1984). Empirical investigation of supervision of counselors as they can experience. *Journal of Counseling Psychology, 31*(1), 63–75.

Yan, M. C., & Tsui, M. S. (2003). *Flipping focus for survival: The culture of the social work profession*. Unpublished manuscript.

York, R. O., & Denton, R. T. (1990). Leadership behavior and supervisory performance: The view from below. *The Clinical Supervisor, 8*(1), 93–108.

York, R. O., & Hastings, T. (1985). Worker maturity and supervisory leadership behavior. *Administration in Social Work, 9*(4), 37–46.

國家圖書館出版品預行編目資料

社會工作督導：脈絡與概念／ Ming-sum Tsui 著；

陳秋山譯.-- 初版.-- 臺北市：心理，2008.02

面； 公分.--（社會工作系列；31027）

參考書目：面

譯自：Social work supervision: contexts and concepts

ISBN 978-986-191-116-8（平裝）

1. 社會工作

547   97002082

社會工作系列 31027

社會工作督導：脈絡與概念

作　　者：Ming-sum Tsui
校 閱 者：張淑英
譯　　者：陳秋山
執行編輯：高碧嶸
總 編 輯：林敬堯
發 行 人：洪有義
出 版 者：心理出版社股份有限公司
地　　址：231 新北市新店區光明街 288 號 7 樓
電　　話：(02) 29150566
傳　　真：(02) 29152928
郵撥帳號：19293172　心理出版社股份有限公司
網　　址：http://www.psy.com.tw
電子信箱：psychoco@ms15.hinet.net
駐美代表：Lisa Wu（lisawu99@optonline.net）
排 版 者：臻圓打字印刷有限公司
印 刷 者：翔盛印刷有限公司
初版一刷：2008 年 2 月
初版五刷：2017 年 2 月
I S B N：978-986-191-116-8
定　　價：新台幣 220 元